英語音声学要説

清　水　克　正

英宝社

まえがき

　言語の研究は、大きく音声、文法および意味の領域に分けられるが、その中で音声の研究は基本である。人がどのように言語音を作り出し、それらを聴き取るかはコミュニケーションの根幹であり、その間に介在するのは音声である。外国語として英語を学習する場合においても、英語音声の詳細について理解し、母国語との相違を理解することは極めて重要と考える。本書は、こうした目的に立って、英語の音声の構造、音響的な特徴、学習の理論および日本語との相違などを中心に、学部生、大学院生および英語教育に従事する教育者を対象にした入門概説書として作成したものである。

　近年、日英語を含め諸言語について音響分析機器を用いた精緻な研究がなされ、多くの新しい知見が明らかにされている。例えば、声帯振動の開始時間とか母音の音響的特徴などの分野で研究が進んでおり、英語音声の理解に必要な事項を本書には取り入れた。また、国際コミュニケーションの進展に伴い、英語を取り巻く状況も変化しつつあり、国際共通語としての英語への関心が高まり、学習の目標が多様化してきていると言える。さまざまな種類の"英語"があるなかで、本書では国際共通語としての英語の音声についても取り上げた。

　本書は 15 章よりなり、第 1 章から第 7 章までは英語の基本的な音声的特徴を概説し、第 8 章はその音響的特徴について概説した。第 9 章から第 13 章までは日本人学習者が英語を学習する場合の問題点を実証的に調査した内容を考察したものである。特に、日英語の閉鎖子音、日英語の母音および日本人学習者にとって問題となる /r − l/ について客観的なデータを踏まえて考察した。またこうした結果を踏まえ、英語音声の学習理論についての考察をも行った。さらに、第 14 章から第 15 章では、英語の音韻論と国際共通語としての英語について考察を行い、英語の音声現象における規則性および国際コミュニケーションにおける英語の多様性と国際共通語としての音声的条件について考察した。音声の研究は、多くの分野と関連し、非常に学際的であり、学習の焦点を絞ることが難しい面があるが、本書の内容が今後の学習を深めるうえでお役にたてば幸いである。

i

　英語と日本語を中心にした諸言語の研究において、今までに多くの方々にお世話になってきた。米国イリノイ大学大学院、京都大学大学院言語学科および英国エディンバラ大学大学院言語学科での研究で多くの方々からご指導を受けた。ここに記してお礼を申し上げる。また最後に出版界の厳しい環境にもかかわらず本書の出版をお引き受けいただいた英宝社社長の佐々木　元氏と編集部の下村　幸一氏に深く感謝する。

著者

目　　　次

英語音声学要説

第 1 章　音声学の研究

第1章　音声学の研究

1. 1　音声学とは

　音声学 (phonetics) は、言語研究の主要な領域であり、統語論、意味論などと並行し、言語の音声面の機能を解明することを課題とする。言語はコミュニケーションの道具であり、話し手と聞き手の間に介在するのは音声である。統語論では文の構成要素である単語などの文法関係を取り扱い、意味論ではこうした要素と現実の世界で表されるものとの関係を明らかにする。さらに音声学ではこれらが現実の音としていかに発音され、聴き取られるかを解明することを課題とする。音声と意味との間には意思疎通のための対応関係があり、話者間のコミュニケーションが成り立っている。これらの3領域は密接に関連し、言語研究の主要な領域であるが、その中で音声研究が言語の研究の基礎を成すと言える。音声の研究は、一般に言語音がいかに作りだされ、聴き取られるかを調べるもので、これらに関する研究は、次のように分けられる。

調音音声学 (articulatory phonetics)
音響音声学 (acoustic phonetics)
聴覚音声学 (auditory phonetics)

調音音声学 (Articulatory Phonetics)

　言語音として使用される音声はどのように作りだされ、表されているかを示し、音声の研究の中では最も古くから存在している。母音と子音を中心にさまざまな音声が言語音として使用されており、それらの発音方法が明らかにされている。英語で使用される音声には日本語に存在しないものもあり、例えば、have, cap などの単語に見られる母音は [æ] と表記され、

3

英語学習において、舌の位置とか唇の形状などについて注意が払われている。

音響音声学 (Acoustic Phonetics)

　音声の音響的な特徴を調べる分野であり、音響分析機器の発展に大きく負っている。工学的に音声の音響的特徴を調査するというより、口腔内における調音器官の動きと特徴との解明を行うことを中心にしている。近年はパソコンの高度化により、手軽に分析を行うことができるようになり、学習上の問題を客観的に捉えることが可能になっている。

聴覚音声学 (Auditory Phonetics)

　音声がどのように聴き取られるかを調べる分野であり、音響音声学の領域と密接に関連している。音響分析において見いだされる特徴がいかに言語音の聴き取りに関わっているかなどを明らかにする。

1. 2　言語研究における音声学の役割

　音声学は、上述しているように、人間が音声をいかに作りだし、聴き取るかを明らかにすることであるが、言語研究の中での役割については、時代の流れのなかで種々変わってきている。ソシュール (F. de Saussure)，ブルームフィールド (L. Bloomfield) などの言語学者は、言語の研究を心理的な面と物理的な面とに分け、後者に属すると考えられる音声学について、その役割は補助的なものであり、言葉の機能の研究そのものにはあまり重要ではないと考えていた。これは、チェスのゲームに類似しており、ゲームを理解するのに、つまり言葉の機能を理解するのに、駒の材質（音声学の知識）は大きな意味を持たないことにたとえられている。こうした考えは伝統的な言語研究のなかで長い間保持されてきたが、生成文法の台頭とともに少しずつ変わり、音声変化などに対して音声学からの説明が重要であることが認識され、その役割について見直しがなされていると言える。例えば、諸言語における母音の体系を検討する場合、母音が音響的な尺度の上において広く分布していることが知られているが、こうした分布は聴覚上の明瞭度に深く関わっていることが明らかにされている。諸言語の母

音体系において /i, a, u/ の 3 母音が最も高い頻度で現れているが、これら
は聴覚上の距離が離れており、高い明瞭度をもっていることによる。諸言
語の母音は、こうした音響上の明瞭度に基づいて体系的・機能的に分布し
ていることが考えられ、こうした説明には音声学的な解明が不可欠である
ことが明らかにされている。さらに、多くの音声単位の中で類似の特性を
示す「自然類」(natural class)、音韻論における基本的な単位である弁別的
素性 (distinctive feature) および諸言語に高い頻度で見いだされる音声変化
などについて、音声学的な立場から説明されることを考えると、音声学は
言語の研究に深く関わっていると言うことができる。

1. 3　研究対象としての音声

　研究の対象となる音声は、単に個人の話し言葉としてのみならず、人と
のコミュニケーションのなかでの話し言葉として捉えることが必要であ
る。コミュニケーションは、一般的には話し手がその意思について音声を
通して記号化し (encode)、聞き手は記号化されている音声を理解する
(decode) プロセスと考えることができる。話し手と聞き手の間に介在する
ものは音声であり、音声についての理解を深めることは極めて重要である
と言える。コミュニケーションの中での話し言葉を考える場合、二者の間
に介在する音声は、いくつかの要因によって影響を受け、それらは次のよ
うに考えることができる。

(1)　身体的要因　－　体格、性別、年齢など
(2)　社会的要因　－　方言、職業語など
(3)　心理的要因　－　話者の心理、話すムードなど

　また、コミュニケーションのなかでの話し言葉は、上記のようないくつ
かの要因にも影響されて、意図されている形態と実際の形式の間に差があ
ることが考えられる。例えば、次のような例に示されるように、形態とし
て表示されるメッセージは実際の発話ではかなり縮約されている。

　（形態）He should have given him a check.

（実際の音声形式）　He sh_d _v_ givn _im a check.

　こうした研究と並行して、ある特定の言語の話者、例えば英語の話者、が自分の言語の音声について、どのようなことを知っているか、音声間にどのような規則性があるのか、また音声のどの面が言語学的に意義を有しているのかなどを調べる分野があり、これは音韻論 (phonology) と呼ばれる。音韻論の研究は、多くの言語に関して行われており、いままでに数多くの文献が出版されている。音韻論では、特定言語における音声の規則性、関連性および音声パターンを解明することを主目的にしており、このことは音声現象をより高次の文法レベルと関連づける役割をもっていると言える。音韻論は、直接的な音声現象というよりも、むしろそうした現象から少し離れて抽象的な事象を取り扱う分野の研究と言える。

1.　4　音素と異音
　言語の音声は、現実の発音において前後の音声環境によって変化する。例えば、pin, spin の p で表される音声については、前者は非常に強い帯気性を持つ [pʰ] であり、他方、後者はほとんどそうした帯気性を持たない [p] であり、帯気性の有無により 2 種類の音声形式があることが分かる。もちろん、個人的、地域的な差などにより発話された音声は、物理的には全て異なっているが、帯気性の有無の差はこうした物理的な差を越えて、英語の話し手に共通するものであり、音声的に条件づけられていると言える。pin - spin の [pʰ]（ʰ は強い呼気を示す）、[p] の 2 種類は、英語において意味の弁別に関与するものではないが、他方、pin - bin の [pʰ]、[b] は弁別に関与し、p と b は英語において別個の音声単位であると言うことができる。こうした特定の言語において、意味の弁別などの言語学的な意義を持つ音声の最小単位を音素 (phoneme) と言い、表記上は斜線 / / で表し、他方、実際の音声として現れるその異音はカギカッコ [　] で表す。上記の例より、英語の音素 /p/ は [pʰ] と [p] の 2 つの異音を持つということができ、異音は音声的に条件づけられて具現化されるものと考えられる。音素は実際の発話のレベルの単位ではなく、抽象的なレベルの単位と言うことができる。帯気性の有無は、英語においては意義をもたないが、韓国

語、タイ語などでは意義をもち、これらの言語では /pʰ/, /p/ は別個の音素
と言うことができる。

　音素は、音韻論における基本的な単位であり、特定言語における音声体
系、規則性、話し手に内在する能力などを考察する場合には切り離して考
えることはできない。音素を如何に定義するかは、音韻論における主要な
課題であり、今までに多くの検討がなされている。ジョーンズ (D.
Jones)、ブルームフィールド (L. Bloomfield) などによる検討を通して、(1)
音素は特定の言語体系の中において意義を有する最小単位であり、(2) 最小
対立の対 (minimal pair) にみられるように、単語の意味の弁別に関与する
単位一般的に理解されている。さらに現実に観察される異音については、
(1) 音声的に類似し、意味の弁別に関与しない音声単位であり、(2) 音声
環境に条件づけられた位置の変異 (positional variant) ということができる。
例えば、pin - spin の異音である [pʰ] と [p] は、音声的に類似し、その生ず
る位置に関しては [pʰ] は語頭、[p] は語頭にくる /s/ の後であり、音声環境
によって条件づけられている。こうした音声形式は、一定の音声環境の中
で互いに補い合って生じており、一般に相補的分布 (complementary
distribution) と呼ばれている。上例にみられるように [pʰ] と [p] は互いに異
なった音声環境に生じており、音素 /p/ の異音 [pʰ] と [p] を検討する上に
おいて重要な分布をしていると言うことができる。

1. 5　音韻論

　言語研究において、音声学と並行してよく取り上げられる分野に音韻論
(phonology) があり、言語の中で生じている音声の規則性と言語における
音声の構造などを取り扱う分野と言える。英語において、pin と spin とい
う単語には 2 つの p 音があるが、発音ではこれらは異なっていることに気
が付く。2 つの音声は類似しているが、前者の場合は強い呼気がでるのに
対し、後者ではこうした強い呼気を伴わずに発音されている。これらの p
音は、bin の b とは完全に異なっているが、類似の音声と考えることがで
きる。それぞれの言語に意味の弁別に関わる音声がどのように存在してい
るのか、またそれらは前後の音声環境において如何に現れるのかを理解す
ることが必要となる。こうした観点より、音声学が具体的に現れる音声現

象を取り扱うのに対し、音韻論では言語に内在する音声の機能と規則性を取り扱う分野と言える。

　さらに、音声現象の規則性、パターンなどについて、考えてみたい。例えば、英語の母国語話者に下記のような疑似的な"単語"を示し、いずれの単語が英語に"属し"また"属さない"かを尋ねてみると、簡単に答えることができる。

flib　slin　vlim　smid　fnit　vrig　plit　tlit　brid　bnin

　英語の話者は、一瞥して上記のうち vlim, fnit, vrig, tlit, bnin は英語の単語に属するものではないことを判断する。換言すれば、英語の話者は、単語の語頭に /vl-/, /fn-/, /vr-/, /tl-/, /bn-/ などの組合せが現れないことを知っており、英語の音声の組合せには一定の制限があることを示している。こうした判断が、何に基づいているかについては、話者は単語の語頭にくる子音の結合上の制限を無意識的または意識的に知っており、そうした内在的な知識により判断していると言える。音声研究のもう１つの研究は、話者が内在的に知っているこうした制限についての知識を記述することであり、この分野は音韻論として主要な研究領域を形成している。

1．6　母音と子音

　母音と子音は、主要な音声範疇であり、全ての言語に見いだされる。母音と子音の発音上の相違は、口腔内の気流の違いによって主に決められる。一般に口腔内で遮断されることなく、滑らかな流れの気流によって発音される音声を母音、他方、遮断され、乱れる気流によって発音される音声を子音と言う。日本語の「アー」とか「オー」では、口腔内の気流は遮断されることなく発音されるが、「カ」とか「ス」と発音する場合は気流の流れがかなり乱れる。こうした例に見られるように、気流の乱れが見られない前者は母音、気流が乱流となる後者を子音と定義づけられているが、両者の区別にはその他の要因も重要となる。例えば、hay, way の語頭の音声 [y], [w] は、口腔内において気流は乱流性を伴っていないが、母音というより子音に分類されることが多い。このことは音節形成の頭音にな

るような場合は子音と分類される方が適切である。このため、母音と子音
の区別は、単に口腔内の気流の状態のみならず、当該音声が単語内のどの
ような位置にくるかということも重要になる。

1. 7　音声記号

　英語には 26 個のアルファベットがあり、また英語と米語の違いおよび
方言上の違いを考慮して約 40 位の音声単位があると言われている。これ
らの音声を表記するのに音声記号があるが、一部の記号については辞書に
より、また専門書により異なって表記されている。こうした違いは、研究
者自身の言語環境および一部の現象についての見解の相違を反映したもの
である。たとえば church, judge などに見られる破擦音を 1 つの音声単位と
して表記するか 2 つの単位として表記するかは、音声理論の中で破擦音を
いかに取り扱うかによる。さらに、表記そのものに、音素に近い形式で音
声の基本的な特性を示す基本表記と発音における詳細な特性を示す精密表
記とがある。本書では、主に基本表記で表記するが、必要に応じて精密表
記を行う。

　英語の音声記号は、諸言語の音声を記述する時に使用される国際音声字
母 (International Phonetic Alphabet) を基準にしているが、かなり以前より使
用されている記号などがあり、辞書とか参考書により表記が異なっている
場合がある。国際音声字母は、今までに何度か改訂されており、また新し
い記号の追加などが行われている。

英語の音声記号
母音　米語の母音記号は、以下のように示される。

1.	/i/	peat, people, feed
2.	/ɪ/	pit, fit, women
3.	/eɪ/	pate, fate, gate
4.	/ɛ/	pet, get, wet
5.	/æ/	pat, task, nap
6.	/ə/	bus, putt, cup
7.	/u/	boot, food, cool

8. /ʊ/	put, foot, could
9. /oʊ/	boat, folk, coat
10. /ɔ/	bought, talk, saw
11. /ɑ/	pot, stop, cop

子音　米語の子音記号は、以下のように示される。

1. /p/	put, happy, gap
2. /b/	big, labial, nob
3. /t/	top, butter, start
4. /d/	dig, ladder, pad
5. /k/	kite, chicken, tick
6. /g/	gate, segment, bag
7. /f/	face, before, leaf
8. /v/	violin, cover, cave
9. /s/	system, nasal, pass
10. /z/	zip, scissors, size
11. /ʃ/	shower, passion, push
12. /ʒ/	measure, pleasure
13. /θ/	thank, nothing, moth
14. /ð/	they, other
15. /tʃ/	chase, pitcher, speech
16. /dʒ/	judge, badge
17. /r/	right, correct, color
18. /l/	light, collar, cool
19. /m/	made, similar, time
20. /n/	night, corner, sin
21. /ŋ/	singing, ling, finger
22. /w/	wash
23. /y/	yell, yesterday
24. /h/	home, mohair

第 2 章　調音器官

第 2 章　調音器官

2. 1　発声とその構造

　人間が発声する音声は、主に肺から流れ出る空気が口腔内の器官を通過するときに作り出される空気の振動によって生じる。肺からの気流が口腔内の調音器官を通過する時、調音器官はさまざまな形状に変化し、音声を作り出す。調音に関係する器官は、図 2.1 のように示される。

　図 2.1 に示されるように、調音器官は、気管支、喉頭、咽頭、口腔、鼻腔および唇であり、これらの器官の構造と機能は生理学的、また言語学的に検討されてきている。こうした調音器官は、ある種の空気音響装置とみなされ、調音上のエネルギーを音響上のエネルギーに変えることにより、コミュニケーションの主要な手段として使用されている。

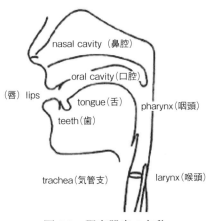

図 2.1　調音器官の名称

2. 2　調音器官の名称とその機能

気管支 (trachea)　言語音の調音には直接関与しないが、長さの収縮により
　　　　　　　　上部に位置する喉頭の上下運動に影響する。

喉頭 (larynx)　　　声帯の位置するところであり、有声音・無声音の弁別、
　　　　　　　　声の高さおよびその他言語学的に意義のある音声の調音
　　　　　　　　に関係する。声門の拡がり、声帯の振動数および喉頭の
　　　　　　　　上下運動は、言語音の調音に重要な役割をもつ。

咽頭 (pharynx)　　喉頭の上部に位置し、その容積は喉頭の上下運動、舌根
　　　　　　　　および喉頭蓋の前後運動および咽頭の後方壁の収縮によ
　　　　　　　　り変化する。咽頭の大きさの変化は、言語学的に意義を
　　　　　　　　もっており、一部の言語では音声単位の弁別に関与す
　　　　　　　　る。[1]

舌 (tongue)　　　　舌は、前後・上下に動くことにより、口腔内を通過する
　　　　　　　　気流の量を調整し、せばめを作り出す。調音に関与する
　　　　　　　　のは舌先、舌葉および後舌の各部であり、これらの形状
　　　　　　　　変化は調音において主要な役割をもつ。

唇 (lips)　　　　　唇は、中立の状態から横への拡がり、せばめによる円唇
　　　　　　　　化および突き出しの動きがあり、こうした動きによる形
　　　　　　　　状変化は言語学的に大きな役割をもつ。

顎 (jaw)　　　　　下顎の上下の動きにより口腔道の大きさが調整され、唇
　　　　　　　　の円唇化にも影響を及ぼす。

　肺からの空気は、声帯、舌および唇を通過する時にせばめにより妨げら
れるが、完全に遮断される場合と一部妨げられる場合とがある。せばめの
位置、せばめの方法は言語音調音に大きな意義をもつものであり、またせ
ばめの状態は、口腔内を通過する気流の圧力にも影響する。

　図2.2より、調音に関係する器官のうち、気流に影響を与えるのは声
帯、舌、口蓋凡および唇であり、形状の変化により気流に影響を与える。
こうした器官は可変的な器官と言える。こうした調音器官は、ほぼ人類に
共通するものと考えられるが、喉頭の大きさなどでは人種により、若干の
差異があることが指摘されている (Catford, 1977)。

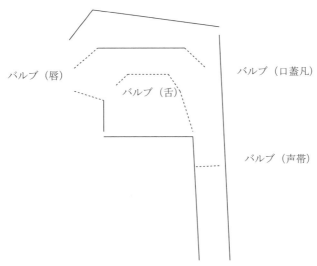

図 2.2　調音において変化する器官
（点線が可変部）

2. 3　調音に関係する気流

　調音器官における空気の流れは、腹部および胸部の筋肉による呼吸によって生じる。気流は圧力の高い方から低い方へと流れ、調音に関係する気流の流れの方向には流出する方向のものと流入するものとにわけることができる。主要言語における音声の発話は、主に流出する気流によって行われるが、流入する気流も言語音の調音にかなり関与する。調音に関係する気流は、その発生にどの調音器官が関与するかにより、一般に次の 3 つに分けることできる。

　　　　肺気流 (pulmonic airstream)
　　　　声門気流 (glottaric airstream)
　　　　軟口蓋気流 (velaric airstream)

　これらの気流には、流出と流入の 2 種類の流れの方向があり、言語音の発生は次のようにまとめることができる。

表2.1　調音に関与する気流

	流出 (egressive)	流入 (ingressive)
肺	肺流出気流	（言語音の調音に関与せず）
喉頭	声門流出気流	声門流入気流
口腔	（言語音の調音に関与せず）	軟口蓋流入気流

　上述しているように、調音に関係する気流は大きく3種類にわけることができるが、大部分の言語音は肺からの流出気流により作られる。このほか、喉頭と口腔が関与する言語音も数多くあり、喉頭の流出では放出音、流入では入破音、さらに口腔での流入では吸着音が作り出される。

2. 4　音源 (Voice Source)

　肺からの呼気は調音器官内の数カ所で実効的にせばめられて音響エネルギーに変えられるが、最初に関係するところは喉頭である。喉頭には声帯が位置し、その構造は次のように示される。

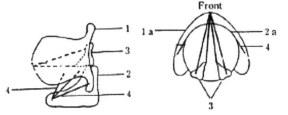

1.　甲状筋
1a. 甲状筋の外縁
2.　輪状筋
2a. 輪状筋の外縁
3.　披裂筋
4.　声帯

図2.3　喉頭の構造　側面（左）　上からの図（右）
(Laver, 1980)

　喉頭を構成する主要な筋肉は、甲状筋、輪状筋および披裂筋である。甲状筋は声帯の伸長度を調整する機能をもち、声の高さに関係する基本周波数に変化を与える。披裂筋は甲状筋の上で複雑な動きをするが、主な機能は声門の開閉を調整することにある。また輪状筋は、リング状の形をし、喉頭の枠組の土台となるような機能をもつ。これらの喉頭の筋肉は、お互

いに複合的に機能して通過する気流を調整すると同時に声帯を振動させて
音源として機能する。

2. 5　声帯

　声帯は、肺からの空気を調整する最初のバルブであると共に、音源とし
て重要な機能を有している。発話は、声帯の振動により発声した音声波に
声道と鼻腔における振動特性が加わって行われ、さらに周囲を取り巻く喉
頭筋肉の複合的な作用により行われる。発話における声帯の状態は、ファ
イバースコープとか PEG (photo-electron glottographic technique) という特殊
な機器を用いて高速度で撮影する方法で調べられており、図 2.4 のように
大きく 4 つの状態にわけられている。

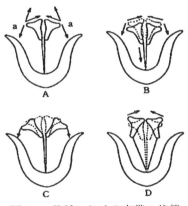

図 2.4　発話における声帯の状態

　A：声門が閉鎖された状態であり、声帯振動による有声音の発話を示し
ている。

　B：2 つの披裂筋が接近し、声帯が輪状筋の方に伸張されており、きし
み音の発声を示している。きしみ音はピッチが低く、低音で歌う時によく
発話され、言語学的に意義のある音声単位として使用される。

　Ｃ：披裂筋が矢印の方向に開くが、声帯は閉じられたままで、ささやき声で話す状態を示している。この状態で発話される言語音としては [h] があり、語頭の位置では声帯の振動は伴わないが、/aha/ のように母音間にくる場合は振動を伴い有声の [ɦ] となる。

　Ｄ：声帯が完全に開き無声音の発話の状態を示している。

　図 2.4 のように、声帯の状態は大きく４つにわけることができるが、一部の研究者は声帯の拡がりの状態をさらに分類し、その言語学的な機能を詳しく調べることを試みている (Laver, 1980)。

注

1)　Lindau (1978) 参照。咽頭が関係する母音の素性として [expanded] を設け、アフリカの言語のひとつである Akan の母音調和を説明している。

第3章　英語の母音

第3章　英語の母音

3. 1　英語の母音

　言語の音声は、基本的に母音と子音に大別され、それぞれ調音的、音響的および聴覚的に異なった特徴を示す。これら2つの相違について、一般的に口腔内における気流の状態と単語内における機能等で説明されることが多い。英語の母音 [i] の発音では、肺からの気流が口腔内で妨げられることはないが、英語の子音 [p] では唇で肺からの気流が妨げられる。このため、母音と子音の区別では気流の流れが重要であり、母音では非乱流性 (non-turbulent) であるのに対し、子音では乱流性 (turbulent) となる。しかし、気流の状態のみで判断することが難しい場合もある。例えば、英語 hay, way などの最初の音声 [h], [w] の発音では気流は妨げられないが、これらは子音と考えられる。このため、母音と子音の区別は気流の状態のみならず、音声の分布、つまり他の音声との結合とか単語内の位置も重要となる。このように考えると、音声の分類には作り出される方法のみならず、単語内における位置と機能等が重要となる。

　母音の数は、言語によって異なり、スウェーデン語のように15個の母音をもつ言語があれば、他方、日本語やスペイン語のように5個の母音をもつ言語がある。英語については、基本的に11個の母音と一般に理解されているが、二重母音の取り扱いと各種の方言を考慮すれば15個位と言われることもある。言語における母音体系は、2つまたはそれ以上の対立のレベルを有し、前舌母音 /i/ が存在すれば、それに対立する後舌母音 /u/ が存在し、/i, u/ の高舌母音が存在すれば、それに対立する低舌母音 /a/ が存在することが知られている。

3. 2　母音の記述

　母音の記述は、通常、舌の最高点の水平的位置（前後関係）および垂直的位置（高低関係）により、さらに唇の円唇化の度合いにより行われる。これらの尺度による記述は絶対的な位置関係を示すものではなく、各母音間の相対的な関係を示すものである。こうした3つの尺度による記述方法は伝統的に行われているものであるが、必ずしも満足な方法であるとは言えず、幾つかの問題点が指摘されている。例えば、次のような6つの母音よりなる体系があるとしよう。

	前舌	後舌
高　舌	/i/	/u/
中高舌	/e/	/o/
低　舌	/æ/	/ɔ/

　先ず、/i/ と /u/ は高さの指定で高舌母音とされても、必ずしも同一の高さを表しているものではないし、/u, o, ɔ/ の3母音は後舌母音の指定を受けても、同じ度合いの後舌性を示すものでもない。さらに、こうした記述方法は、舌のもっとも高い位置を基準に規定しようとするものであり、舌の他の部分の形状および咽頭などの広さの違いなどを考慮したものではない。つまり、2つの母音が同じ舌の高さであるとしても、舌の他の部分の形状が同じであるとは限らない。こうした点により、舌の動的な諸相を検討することが行われている。

3. 3　英語母音の名称と発音

[i]　　　（緊張性）高舌・前舌（非円唇）母音　（(tense) high front (un-rounded) vowel)

　舌の位置を前よりで高くし、唇を横に張り口にする。

[ɪ]　　　（弛緩性）高舌・前舌（非円唇）母音　（(lax) high front (unrounded) vowel)

　舌の位置は前よりで高いが、[i] ほどではない。唇は張り口を弱め、時間的に短い。

　[i] と [ɪ] はよく対比され、最小対立をなす。

[i]	[ɪ]
bead	bid
cheap	chip
deep	dip
meat	mitt
leave	live

[eɪ]　　中高舌・前舌（非円唇）母音　（mid front (unrounded) vowel）

　前舌性であるが、[i] ほど前よりでない。標準英語、米語では二重母音化しているが、他の方言ではそうでない場合がある。

[ɛ]　　広口・中高舌・前舌（非円唇）母音　（spread mid front (unrounded) vowel）

　中高舌であるが、[eɪ] ほどは高くなく、時間的にも短い。日本語の「エ」に比べ舌の位置は低く、さらに口の開きが大きい。

[eɪ]	[ɛ]
fail	fell
wait	wet
mate	met
date	debt
hale	hell

[æ]　　低舌・前舌（非円唇）母音　（low front (unrounded) vowel）

　舌の位置は低く前よりで、口の開きが大きい。方言的に変異の幅が広く、一部の子音の前では [ɛə] となる。

[æ]	[ɑ]
pat	pot
cat	cot
lack	lock
sack	sock
pack	pock

[ə]　　中高舌・中央舌（非円唇）母音　（mid central (unrounded) vowel）

　舌の位置は口腔内の中央・中高の位置で作り出され、舌が最も安定した状態にあり、休憩する時に出るため息「アーア」に近い音声と言える。

また、シュワー (schwa) と言われ、無強勢音節において弱化母音と呼ばれる。[ʌ] は強勢音節に生じ、音価は [ə] に類似しているが、舌の位置は低い。

[ə]	[ɑ]
luck	lock
stuck	stock
cup	cop
smug	smog

[ɑ]　　低舌・後舌(非円唇)母音　(low back (unrounded) vowel)

舌の位置を奥よりに下げ、日本語「ア」より口を開き発音する。英語の方言間でかなりの変異があり、発音表記でも変異が見られる。一部の文献では低舌・中央舌と表記される場合がある。

[ɑ]	[æ]	[ə]
lock	lack	luck
shock	shack	shuck
knock	knack	knuckle
pock	pack	puck
dock	dash	duck

[u]　　（緊張性）高舌・後舌（円唇）母音　((tense) high back (rounded) vowel)

舌を後よりにし、唇を突き出すように丸めて発音する。日本語の「ウ」（音声記号は [ɯ]）は唇の丸みは少なく、英語の [u] と異なる。

[ʊ]　　（弛緩性）高舌・後舌(円唇)母音　((lax) high back (rounded) vowel)

舌を後よりにし、[u] と同様に唇を丸めて発音するが、時間的には非常に短い。

[u]	[ʊ]
food	foot
Luke	look
pool	pull
who's	hood

[oʊ]　　中高舌・後舌（円唇）母音　（mid back (rounded) vowel）

舌を [u] の方向に動かし、唇の丸みを伴って発音する。口の開きを伴い、二重母音化している。また、方言により、[əʊ] になることが知られている。

[ɔ]　　低舌・後舌（円唇）母音　（low back (rounded) vowel）

舌の位置は、奥よりで低く、唇の丸みを伴って発音される。また日本語「オ」より口の開きは大きい。

[oʊ]	[ɔ]
boat	bought
low	law
drone	drawn
loan	lawn
bowl	ball

後舌および中高舌母音について、特に [ɑ, ə, ɔ] の間では方言上の変化が見られ、[ɑ, ɔ] の間では fog という単語で、[fɔg] とか [fɑg] の 2 つの発音が考えられ、さらに wash, orange, stock などの単語でも見られる。

3.4　英語母音のチャート

多くの言語において、母音の記述には上記の舌の位置と唇の状態が使用されるが、そのほかにも重要な特性があり、英語では緊張性・弛緩性、鼻音性・非鼻音性などの特徴がある。このうち、緊張性・弛緩性 (tense‐lax) は調音器官に関わる筋肉の緊張度を基準にしたもので、英語母音のうち /i, eɪ, ɑ, ɔ, oʊ, u/ は緊張母音、/ɪ, ɛ, æ, ə, ʊ/ は弛緩母音と言われ、前者では調音器官に緊張を伴うのに対し、後者では伴わないことが知られている。ここでの「調音器官の緊張度」は幾分明確性を欠く基準であり、より客観的な基準が求められており、音響上の特徴により定義することが行われている (Lindau 1978)。

母音の表示は、舌の高さ、前後関係を基準にして、一般に母音チャート

と呼ばれる図でもって示され、基準である 11 個の英語（米語）母音は、
図 3.1 のように示される。

　これらの母音のうち、英語の学習者が注意しなければならい母音が幾つ
かあり、その代表的なものは [ə] である。一般に、schwa または（弛緩性）
中高舌・中央舌母音と言われ、非常に現れる頻度の高い母音である。多く
の母音は、音声の流れの中で強勢が配置されない場合、本来の音価を失い
[ə] になることが知られている。例えば、fast [fæst] では [æ] が明確に発音
されるのに対し、breakfast の fast では母音は [ə] に変わる。このように強
勢が配置されず本来の母音の音価が変わることを母音の弱化 (vowel
reduction) と言う。母音の弱化は、schwa [ə] のほか [ɪ], [ʊ] に近似する場合
もあるが、schwa [ə] が代表的な弱化母音と言われる。

　英語の [ə] は、弱化母音または曖昧母音と言われ、高い頻度で現れるこ
とが理解されている。その音声的特徴については、今までに多くの研究者
により調査されており、前述しているように（弛緩性）中高舌・中央舌母
音とされる。生理的には唇を少し開き、中立的であり、舌の位置はほぼ平
らで中央より少し奥よりにあり、声帯は有声化のため内転しているものと

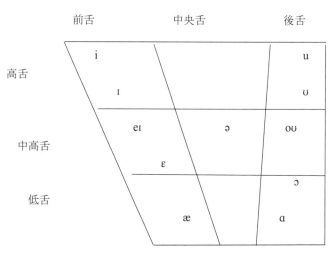

図 3.1　英語の母音チャート

理解されている。この弱化母音 [ə] は、さまざまな音声環境で生じ、無強勢であれば必ず生ずると言っても過言でない。be 動詞、不定冠詞、所有代名詞、前置詞、接続詞などの形で現れる。

> The plays are good.
> He plays a guitar.
> She wants her purse back.
> The boys of Eaton are smart.
> One or two of them are going back home.

　特に、学習において問題となるのは英単語への強勢の有無により、弱形または強形として現れるが、学習者がそうした変化に気が付かないことが多い。

3.5　英語母音の音声表記

　音声の記号は、一般的に IPA（国際音声学協会）の字母を基準に表記されているが、英語母音の音声表記については、研究者の間で幾つかの相違が見いだされる。代表的なものとして、Kenyon & Knott (1953), Longman Dictionary (2001), Ladefoged & Johnson (2011:39), Roach (1992) などがあり、それらは表 3.1 のように示される。

　英語母音の音声表記の違いは、keep, take, bird, go などで見られ、[i] – [iy], [eɪ] – [e], [ɝ] – [ɜ], [ou] – [o] – [əʊ] などの表記となっている。これらの違いは、米語と英語の違い、さらに研究者または辞書編纂者の考えに起因するものと考えられる。本書では Longman Dictionary の表記を基本にし、heart などの巻き舌音では [ɑr] を使用する。

3.6　二重母音

　英単語 bite, date, found などでは [aɪ][eɪ][aʊ] の母音が見られ、これらは二重母音と言われる。英語の二重母音 (diphthong) は、1 つの音節内おいて舌がある位置から他の位置に移動する場合に生じ、一般に最初の音声を主音、後に続く音声を副音と呼ぶ。副音は舌の移動の方向を示し、次の音声

表 3.1　英語母音の音声表記の相違

	Ladefoged & Johnson	Longman Dictionary	Kenyon & Knott	Roach
keep	i	i	iy	iː
sit	ɪ	ɪ	ɪ	ɪ
take	eɪ	eɪ	e	eɪ
get	ɛ	ɛ	ɛ	e
bad	æ	æ	æ	æ
bird	ɝ	ɝ	ɜ	ɜː
cut	ʌ	ʌ	ʌ	ʌ
father	ɑ	ɑ	ɑ	ɑː
move	u	u	u	uː
good	ʊ	ʊ	ʊ	ʊ
go	oʊ	oʊ	o	əʊ
bought	ɔ	ɔ	ɔ	ɔː
night	aɪ	aɪ	aɪ	aɪ
town	aʊ	aʊ	aʊ	aʊ
boy	ɔɪ	ɔɪ	ɔɪ	ɔɪ

に移るわたり音と見なされる。二重母音は、時間的に長く、緊張母音の一種であり、舌の移動の方向は図 3.2 のように示される。

　二重母音の種類と表記方法は、音声学の分野でよく議論の対象になるが、一般的には 5 種類 [aɪ, aʊ, eɪ, ɔɪ, oʊ] がよく取り上げられ、表記も 2 母音の連鎖として表される。5 種類のうち、舌の移動が大きい [aɪ, aʊ, ɔɪ] を一般に真の二重母音、移動の小さい [eɪ, oʊ] と区別され、後者は 11 母音の中で取り扱われる。[eɪ, oʊ] は標準英語、米語では二重母音として現れるが、他の方言、例えばスコットランド方言では二重母音化しないことが知られている。また、hair, sport などのように /r/ 音が後続する場合にも二重母音化しない。ここで注意しなければならないことは、英語の二重母音は日本語の母音連鎖とは異なり、副音は舌の指導方向を示すもので、強く発音してはならない。日本語の愛「アイ」、会う「アウ」などの連鎖は同じ強さの母音が 2 つ連鎖し、単音節でなく 2 音節と言える。

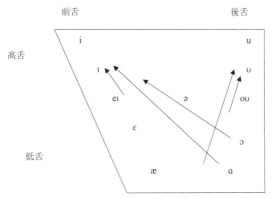

図 3.2　二重母音における舌の移動方向

3. 7　/r/ が後続する母音

　母音の後に /r/ がくる場合には、舌先が反転化されて巻き舌化し、r-rhotacization, retroflex /r/ と呼ばれている。hair, bird, hire では、巻き舌化が生じ、[ɚ] または [ər] と表記され、米語発音の特徴の 1 つとされている。/r/ が後続する場合は、巻き舌化により母音の音価は変わることが多く、/i-ɪ/, /u-ʊ/, /ou-ɔ/ では表記上は区別されないことが多い。つまり、here は [hiɚ][hɪɚ] のいずれかになるが、両形とも受け入れられている。表記について、辞書によっては [hɪr] とされるが、ここでは母音として [ɚ] とする。

/r/ が後続する場合の具体例：

here [hiɚ]	hair [hɛɚ]	hire [haɪɚ]
fear [fiɚ]	fair [fɛɚ]	fire [faɪɚ]
pear [pɪɚ]	pair[pɛɚ]	pirate [paɪrət]
deer [dɪɚ]	dear[dɛɚ]	dire [daɪɚ]
weir [wɪɚ]	where[wɛɚ]	wire [waɪɚ]
[ɚ]	[ɑɚ]	
heard	hard	

firm	farm
dirt	dart
burn	barn
fur	far

3. 8 母音の変化

1) 鼻音化

　母音は、鼻音の前にくる場合には鼻音の特徴を受けて鼻音化する。鼻音化は、一般的に低舌母音の方が成りやすく、多くの言語において見いだされる。

pad – pan [pæd] – [pæ̃n]

bide – bind [baɪd] – [bãɪnd]

2) /æ/ は、/m, n/ の前にくる場合には [eə] に変化することが多い。

mad – man [mæd] – [meən]

lab – lamb [læb] – [leəmb]

3) 母音の持続時間は、有声音の前では無声音の前に比べて長くなる。

mood – moot

lose – loose

leave – leaf

4) /u/ は、/tʃ, dʒ, ʃ, ʒ/ の後にきて、/t, d, s, z/ などの歯茎音の前にくるときは、円唇化の加わった [y] になることが多い。

ooze – choose

Bruce – juice

loot – shoot

5) /aɪ/ は、無声子音の前にくる場合、舌の位置が幾分上昇し、/əɪ/ または /ɔɪ/ になることがある。

bide – bite

eyes – ice
live – life

　英語の母音の変化は、上記に記した以外に多くあり、母音の前後にどの
ような音声がくるかにより変化する。一般に母音の長さは、直後にくる子
音の有声性・無声性に影響されることが知られているが、その長さは微妙
に変化する。例えば、以下の例を見る。

bit	–	beat	–	bid	–	bead
[ɪ]		[i]		[ɪ]		[i]

　通常、[i] は [ɪ] より時間的に長いが、beat と bid では後者の方が長くな
ることが知られている。また同じ単語でも幾つかの母音で発音されること
もあり、母音は複雑な発音変化を示す。例えば、fog は [fɑg] または [fɔg]
となり、wash は [wɔʃ] または [wɑʃ] となり、同じ単語でも複数の発音にな
ることが知られている。

第4章　英語の子音

第4章　英語の子音

4．1　英語の子音

　子音の調音は、肺からの気流（呼気）が声道内（声門から唇までの口腔道）で舌により実効的にせばめられることにより行われる。子音の特徴は、このせばめが声道内のどこにくるか、またどのようにせばめられるかによって決まる。せばめの場所を調音点、せばめの方法を調音法と言い、声帯の状態とともに子音の記述では常に主要な要因となる。これらの要因のほか、せばめの時間が瞬間的であるか持続的であるか、さらに気流が口腔断面の中央を流れるか、または両側面を流れるかによっても影響を受ける。このように子音は口腔内でのせばめにより調音されるため、気流の流れは母音と異なり、ほぼ乱流性となる。ただし、way, hay などの語頭音では乱流性にならない。

　子音の分類は、母音よりも複雑であり、母音の記述で仕様されている対立関係では記述できない。多くの言語では、少なくとも3つの調音点と調音法をもち、また声帯振動が関わる有声・無声の2つの対立をもっている。口腔内の調音点を3つに分けることは大部分の言語に当てはまるものであるが、一部の言語ではそれ以上の4つまたは5つの調音点をもつこともある。調音法について、主に口腔内が完全に閉鎖される閉鎖音、部分的にせばめられる摩擦音、さらに鼻腔に気流が流れる鼻音などがあり、諸言語を特徴づけていると言える。

4．2　調音点

　調音点 (point of articulation) は、声道内における舌によるせばめの位置を示し、幾つかの位置を考えることができる。声道は、声門から唇までの間を示し、水平の口腔部と垂直の咽喉部に分けることができる。調音点

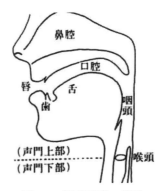

図 4.1　調音器官の構造

は、主に唇、歯茎および軟口蓋などであるが、言語によってはこれら以外
も使用される。さらに、これらの調音点は鼻音の調音でも関与する。調音
器官の構造は、図 4.1 のように示すことができる。

　唇から喉頭までの声道の長さは、大人で平均して約 17 cm と言われてお
り、唇を突き出すとか喉頭を下げるなどの動きによりその長さは変わる。
声道内において、舌を上部の調音器官に接近させて、肺からの気流を遮断
または妨げることにより、気流が乱流性となり発声する。口腔内の上部を
上部調音器官、上部への接近に関わる舌を下部調音器官と言い、その接触
位置と動きは音声の調音において重要な役割をもつ。上部調音器官と下部

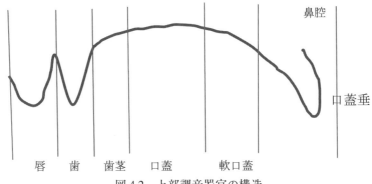

図 4.2　上部調音器官の構造

唇　　　歯　　　舌葉　舌前部　　　舌後部

舌先

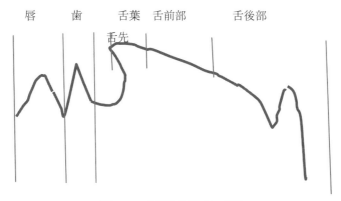

図 4.3　下部調音器官の構造

調音器官のそれぞれの構造は、図 4.2, 4.3 のように示すことができる。

4．3　調音法

　子音の調音において、調音点 (point of articulation) でどのようにせばめられるかも重要であり、このせばめの方法を調音法という。調音法 (manner of articulation) は、せばめの度合いとかその方法を示すもので、完全に閉鎖される閉鎖音の状態から気流がかなりせばめられる摩擦音の状態などを含め、幾つかの言語学的に意義のある状態に分けることができる。せばめの状態により、肺からの気流は乱流性とか非乱流性になり、その変化の状態は言語音の音声的特徴に大きな影響を与える。調音法は、通常、次のように分けられる。

　　　1) 閉鎖音　　舌、唇などにより、口腔内を流れる気流を完全に閉
　　　　　　　　　　鎖し、発音する。
　　　　　　　　　　[p, b, t, d, k, g]
　　　2) 摩擦音　　舌、唇などにより、口腔内を流れる気流を完全に閉
　　　　　　　　　　鎖するのではなく、せばめることにより発音する。
　　　　　　　　　　[s, z, θ, ð, f, v] など
　　　3) 破擦音　　舌により完全に口腔内を流れる気流は閉鎖される
　　　　　　　　　　が、その後の気流の解放が遅れることにより、摩擦

性を伴って発音する。

[tʃ, dʒ]

4) 鼻音 　口蓋垂を下げ、肺からの呼気を鼻腔に気流を流すことにより発音する。

[m, n, ŋ]

5) 側音 　舌を上部調音器官に接触させ、気流を舌の両側面を流れさせることにより発音する。

[l]

6) 半母音 　舌を上部調音器官に軽く接触させ、一度または複数回ふるえさせることにより発音する。

[w, r, l]

表 4.1　英語の子音（（上段 − 無声音、下段 − 有声音）
　　　　横列 − 調音点　　　縦列 − 調音法

	両唇	唇歯	歯間	歯茎	口蓋	軟口蓋	声門
閉鎖	/p/ /b/			/t/ /d/		/k/ /g/	
摩擦		/f/ /v/	/θ/ /ð/	/s/ /z/	/ʃ/ /ʒ/		/h/
破擦					/tʃ/ /dʒ/		
側音				/l/			
鼻音	/m/			/n/		/ŋ/	
半母音	/w/			/r/ 1)	/j/ 2)		

4. 4　子音の記述

　子音の記述は、音声を作り出すときの幾つかの要因に基づいており、一般に次の項目を考慮する。
1) 気流の種類と方向
2) 発声タイプ（有声性・無声性）
3) 調音相（口腔性・鼻腔性、気流の流れが中央部か両側面か）
4) 調音点
5) 調音法
6) 二次的調音（円唇化、口蓋化、軟口蓋化）

　これらに基づき、thin の [θ] は、肺流出気流・無声性・中央・口腔・歯間・摩擦音と述べることができる。しかし、特に指定がなければ無声・歯間・摩擦音 (voiceless interdental fricative) と記述され、気流の流れ、調音相、二次的要因などは一般に予測されるものとして記述されない。

4. 5　英語子音の名称

閉鎖音
[p] 無声両唇閉鎖音 (voiceless bilabial stop)
[b] 有声両唇閉鎖音 (voiced bilabial stop)

[t] 無声歯茎閉鎖音 (voiceless alveolar stop)
[d] 有声歯茎閉鎖音 (voiced alveolar stop)

[k] 無声軟口蓋閉鎖音 (voiceless velar stop)
[g] 有声軟口蓋閉鎖音 (voiced velar stop)

　閉鎖音の発音上の注意として、英語の /p, t, k/ は、語頭にくる場合、強い帯気性を伴って発音されており、呼気を意識的に強く出す必要がある。英語の無声閉鎖音には、その異音として無気音、帯気音および無破裂音があり、次のような例に示される。[t], [d] について、米語では母音間にくる場合、ふるえ音 [ɾ] になることが多い。

	無気音 (unaspirated)	帯気音 (aspirated)	無破裂音 (unreleased)	
	[p] spook	[pʰ] pig	[pˀ] collapse	
	[t] stoned	[tʰ] tip	[tˀ] sits	[ɾ] butter
	[k] scar	[kʰ] kitten	[kˀ] act	

　口腔内を流れる気流が舌とか唇などの器官により狭められ、摩擦性を伴って発話される。 [f, v, θ, ð] は日本語には存在してなく、英語を学習する場合は、日本語との相違に留意する必要がある。

[f]　　無声唇歯摩擦音 (voiceless labio-dental fricative)

[v]　　有声唇歯摩擦音 (voiced labio-dental fricative)

[s]　　無声歯茎摩擦音 (voiceless alveolar fricative)

[z]　　有声歯茎摩擦音 (voiced alveolar fricative)

[θ]　　無声歯間摩擦音 (voiceless interdental fricative)

[ð]　　有声歯間摩擦音 (voiced interdental fricative)

[ʃ]　　無声口蓋摩擦音 (voiceless palatal fricative)

[ʒ]　有声口蓋摩擦音 (voiced palatal fricative)

[h]　無声声門摩擦音 (voiceless glottal fricative)

破擦音

　口腔内における舌による閉鎖の後、少し遅れて閉鎖が弱められ、摩擦性の音声となる。英語では [tʃ, dʒ] の 2 つが知られている。

[tʃ]　無声口蓋破擦音 (voiceless palatal affricate)

[dʒ]　有声口蓋破擦音 (voiced palatal affricate)

側音

　舌先が歯茎に接触し、肺からの気流は舌の両側面を流れ出ることにより調音される。英語の学習では /r/ と /l/ の対比でよく取り上げられ、2 つの間には明確な差がある。

[l]　有声歯茎側音 (voiced alveolar lateral)

　[l] は、単語内における位置によって変化し、母音の前にくるか、後にくるかにより聴覚的な印象に基づき明るい [l]、暗い [ɫ] の 2 種類に分けられる。

　　　　　2 つのタイプの [l]
　　　　　　　明るい [l]　　　暗い [ɫ]
　　　　　　　life　　　　　　film
　　　　　　　list　　　　　　milk
　　　　　　　loaf　　　　　　-self
　　　　　　　lexicon　　　　 Bill
　　　　　　　legion　　　　　feel

上記に示しているように、/l/ には明るい [l] と暗い [ɫ] があり、前者は

母音の前に、後者は母音の後にくるときに現れる。暗い [ɫ] の場合、奥舌面が少し軟口蓋の方に持ち上げられ、母音 [ʊ] の音価を帯びる。 現実の言語使用において [ɫ] は [ʊ] に変化することが知られており、2つの音声の特徴の間に類似性があることを示している。

film[fɪɫm]　　　〜　　　[fɪʊm]

milk[mɪɫk]　　　〜　　　[mɪʊk]

-self[sɛɫf]　　　〜　　　[sɛʊf]

Bill[bɪɫ]　　　〜　　　[bɪʊ]

鼻音

　鼻音は、口腔の奥に位置する口蓋帆を下げて鼻腔に気流を流すことにより調音され、通常、声帯の振動を伴う。鼻腔に気流が流れることによって生ずる共鳴特性が、鼻音の音質に大きな影響を与えるが、この点を除けば、有声子音の調音とほぼ同じであり、音声現象において閉鎖子音と同じように機能することが多い。

[m]　　両唇鼻音 (bilabial nasal)

[n]　　歯茎鼻音 (alveolar nasal)

[ŋ]　　軟口蓋鼻音 (velar nasal)

対　比

[m]		[n]		[n]		[ŋ]
map	–	nap		son	–	song
Tim	–	tin		lone	–	long
make	–	nake		kin	–	king
might	–	night		sin	–	sing
mew	–	new		win	–	wing

　鼻音 [m, n, ŋ] は、子音の前で連鎖を作る場合、後続する子音によって影響を受け、[m] は両唇音、[n] は歯茎音、[ŋ] は軟口蓋音の前にくる場合にそれぞれ現れる。これは、鼻音の調音点が後続する子音のそれと一致していることを示しており、こうした現象を同化 (assimilation) と言う。同化は、音声現象において極めて一般的な現象であり、ある音声の属性が隣接する他の音声に及ぶことを言う。英語の軟口蓋鼻音 [ŋ] については、音韻論的にひとつの独立した音素であるのか、または /n/ の異音であるのかの議論があり、その音声現象と分布などの観点から詳しく調べられている。

　さらに、sudden[sʌdn̩], hidden[hɪdn̩] などの単語に見られるように、鼻音が有声子音の後にくる場合、有声子音は破裂を伴わないことがある。これは、同化により調音点が一致し、声道内の調音器官の破裂の前に、鼻腔に気流が流れ出ることによるもので、鼻腔破裂と言われる。それ故、sudden, hidden などの単語では二通りの発音方法があり、鼻腔破裂を伴うものとそうでないものとがある。通常、dn# のように歯茎音の調音点によることが多いが、pm#, kŋ# の連鎖が語末にくる場合にも生じることが知られている。

半母音

　[j], [w], [r] は、一般に半母音と呼ばれるが、わたり音または接近音とも呼ばれる。母音と子音の中間的な特質を有し、それ自体では音節を形成することはない。対応する [i], [u] の母音に比べて定状的な特質をもつのではなく、隣接する音声への移行の途中で生ずる。子音と連鎖を作ることが多く、音節頭位の無声子音の後にくる場合には pew[pju], cue[kju], twice[twaɪs] などのように無声化することが多い。無声化した音声は記号に [̥] を付ける。子音との連鎖について、[j] は方言上の差により発音されるところとそうでないところがある。例えば、tune [tun]/[tjun], Duke [duk]/[djuk] などの例に見られる。さらに、[w] については一部の方言では無声化し、[hw] と発音するところもあり、which, whale などの単語が [hw̥ɪtʃ], [hw̥eɪl] となる。

　[j]

　　use [juz]　　　yak [jæk]　　　Yale [jeɪl]　　　beyond [bɪjɔnd]

accuse [əkjuːz]　　　　　mule [mjul]　　　music[mjuzɪk]

[w]/[hw]

way [weɪ]　　　wear [weər]　　　walk [wɔːk]　　　twain [tweɪn]
once [wʌns]　　　quite [kwaɪt]　　　choir [kwaɪər]

対　　比

[w]	[hw]
wear	where
wine	whine
witch	which
way	whey
Y	why

　[r] は、舌先が歯茎に接近するが接触することはなく、有声歯茎半母音
と言われる。日本人の英語学習者にとって、[l] との対比でよく取り上げ
られ、発音と聴き取りの両面で難しいことが知られている。発音面では、
/r/ は歯茎後部 (postalveolar) の接近音と考えられ、米語においては地域的・
社会的にばらつきがあるが、反転性（巻き舌性）をもち、舌の後部が少し
持ち上げられる (bunching) ことが指摘されている。他方、/l/ は、前述し
ているように、歯茎に軽く接触するが、舌の両側面から気流が流れる側音
である。これらの音声は、単語内の位置によってかなり変異し、/r/ は音
節頭位では子音の特質を有し、音節尾位では母音の特質を示す。

[l]	[r]
lock	rock
lake	rake
alive	arrive
collect	correct
daily	dairy
play	pray
climb	crime

　さらに、日本語のラ行音は、ふるえ音の一種であり、歯茎部の弾音と言える。音声的には有声歯茎弾音と言う。このラ行音の /r/ は、調音的には一部を除いて英語の /r/–/l/ には似てなく、英語 /t, d/ のふるえ音 [ɾ] に聴覚的に近いことが指摘されている。[3]

注

1)　英語の /r/ 音について、国際音声記号では /ɹ/ を使用する場合がある。/r/ は国際音声記号では顫動音（ふるえ音）を示すが、多くの学習書においてこの記号を用いており、本書でも使用する。

2)　英語の /j/ について、わたり音とも呼ばれ、/y/ で表記されることもある。

3)　Price, P. J. (1981) *A cross-linguistic study of flaps in Japanese and in American English,* p.80 参照。

第5章　音声の結合と変化

第5章　音声の結合と変化

英語の音声は、他の言語と同様に、音声の結合について制限があり、母語話者は無意識的にこうした制限を知っていると考えられる。例えば、strike において、語頭に #st- の結合は許されるが、#zt- の結合は許されず ztrike のような英単語は存在しない。こうした制限は、音声配列 (phonotactics) と呼ばれ、どのような制限が存在しているのかを理解することは重要である。

5.1　語頭の2つの子音連鎖

2つの子音が語頭にくる場合、下記のような連鎖が可能であり、[ft, dt, tl, θl, sr, ʃl] などの連鎖は現れない。

[#pr-]	pray, proud, prompt	[#pl-]	play, plan, plus
[#br-]	brew, brow, break	[#bl-]	blow, blue, blame
[#tr-]	train, track, trace	[#dr-]	drain, dress, drop
[#kr-]	cream, crack, cress	[#kl-]	class, clew, cloud
[#gr-]	grow, grasp, great	[#gl-]	glottis, glue, glimpse
[#fr-]	friend, frame, frake	[#fl-]	flow, flank, flick
[#θr-]	three, thrown, threw	[#sp-]	spy, space, speech
[#sm-]	small, smash, smile	[#st-]	stain, steak, style
[#sn-]	snake, snail, snack	[#sk-]	skit, sky, skin
[#sl-]	sleep, slim, slender	[#ʃr-]	shrimp, shrine, shrink

2つの子音が連鎖をつくる場合は、真子音＋r、真子音＋l、s＋子音に大きく分けられ、またわたり音を含めると真子音＋w、真子音＋jにな

49

る。真子音は /p, t, k, s, ʃ, z/ などであり、実効的な狭めを伴って発話される
子音を指す。また、わたり音との連鎖の中で、j との連鎖は後続する母音
が /u/ に限定されており、また方言的に j の顕現性に差があり、幾分特殊
なものと言える。

5. 2　語頭の3つの子音連鎖

[#spl-]	split, splash, splay
[#spr-]	spread, spring, spray
[#spj-]	spurious, sputum
[#str-]	strange, strike, strap
[#stj-]	student, studio, stew
[#skl-]	sclerosis, sclera, sclerotic
[#skr-]	screen, scribe, scrimp
[#skj-]	skew, skewer
[#skw-]	squall, square, squint

　上記の例より、3子音連鎖の場合、最初の子音は /s/、2番目の子音は /p,
t, k/ のいずれか、3番目は /l, r, w, j/ のいずれかになる。こうした制限に関し
ては、下記に述べる音節を形成する条件より検討が成されている。ただし、
英語の語頭では #stl- の連鎖は存在しない。

　音声の結合に、前述したような制限があることについて、聞こえの尺度
が関与していることが指摘されている。聞こえの尺度は、音節を形成する
上で重要な要因であり、一般に母音が大きく、子音は小さいことが知られ
ている。語頭に真子音＋わたり音＋母音と並ぶのは、聞こえの大きさでは
小さい方から大きい方に移っており、こうした聞こえの尺度を基本に音声
単位が連鎖を作ることが考えられる。

5. 3　英語の母音に関する結合上の制限

　語末にくる /ŋ/, /k/ の前には4種類の母音 /ɪ, æ, ɔ, ʌ/ が現れる。

[ɪ]	[æ]	[ɔ]	[ʌ]
sing	sang	song	sung
pink	rank	honk	dunk

語末にくる /t/, /d/ の前には殆どすべての母音が現れる。

beat	bit	bait	bet	bat	pot	taut	putt	boat
put	boot	bite	bout	exploit				

二重母音 /ɔɪ / は語末の音節にくる場合、6 種類の子音が後続する。

exploit　　void　　voice　　noise　　coin　　foil

語末の /-ft/, /-sp/, /-sk/ の前には 5 種類の母音が現れる。

/-ft/	lift	left	draft	tuft	soft
/-sp/	wisp	cresp	clasp	cusp	wasp
/-sk/	risk	desk	mask	dusk	mosque

/r/ の前には、次の母音が現れる。

fear	fierce	tour
fair	scarce	wore
fur	hurt	war
car	cart	

5. 4　日本語に存在しない英語の音声結合

　英語の音声連鎖には、日本語に存在しないものがあり、日本人の英語学習者にとって発音上の大きな問題となる。具体的な例は、下記のように示される。歯茎閉鎖音 /t, d/ と /i, u/ の結合は日本語には存在していないため、これらの連鎖をもつ tip, ticket, tulip, tube などが借用語として日本語に取り入れられる場合、[tʃippu], [tʃiketto], [tʃurippu], [tʃuubu] のようになり、高舌母音の前にくる /t/ は破擦音に変化している。高舌母音の前で、こうした破擦音や摩擦音に変化する例は、他の言語においてもよく見られる現象であり、舌の動きとか口腔内を流れる気流が変化の要因になっているこ

とが考えられる。日本語に存在しない連鎖をもつ英単語が日本語に取り入れられる場合、どのような音声形式になるかは、極めて興味深いテーマであり、多くの研究者によって調べられている。

/#ti/	ticket	tip	team
/#di/	disco	dilemma	direct
/#tu/	tulip	tube	tourist
/#du/	deuce	dual	duke
/#si/	silk	single	simple
/#zi/	zigzag	zipper	music
/#ʃe/	shepard	shade	sheriff

/#wi/, /#we/, /#wu/, /#wo/	week	wound	won	Wendy
/#ji/, /#je/	year	yes	yeast	yearn

5. 5　音声環境における変化

　今まで個々の分節素（音声単位）の特性について述べてきたが、現実に発話する場合には、前後の音声環境に影響されて種々変化が生じる。変化の要因には、個々の音声の特性に内在する要因とそれ以外の外的な要因が考えられる。また、諸言語に共通し、かなり高い頻度で生ずるものもあれば、一部の限られた範囲にしか見られないものもある。特に、高い頻度で生ずる変化について、その要因を考える場合、発音上の生理的なものに基づく場合と聴覚上の音響的なものに基づく場合とが考えられる。こうした2つの要因が考えられるにしても、これらは互いに関連しており、いずれの要因とも判断が難しいことがある。ここでは、一般によく知られている変化について、幾つかの例を述べてみたい。

1) 調音点の移動 − 前後の母音の影響をうけて、調音点が移動することがある。

symphony − sympathy

key − cool, dig − dog, goose − geese

leaf − peal （clear [l] − dark [ɫ] の例）

symphony では [m] が後続する子音の影響を受けて [ɱ] に変化し、また key – cool では語頭 [k] の後にくる母音の前舌性または後舌性により、調音点を含め舌の移動が異なる。cool では母音の影響により唇の円唇化（丸み）が生じ、調音結合が起こる。leaf – peal では、[l] の変化を示し、母音の前にくる場合は聴覚上の印象により明るい l（clear [l]），母音の後にくる場合は暗い l（dark [ɫ]）となる。

2）無声化 – 英語の有声音は、語頭にくる場合、無声化することが知られている。また語頭で無声音に後続する /l, r/ は無声化することが多い。無声化された音声は、/ ̥/ で表され、/l, r/ はそれぞれ [l̥] , [r̥] のように表記される。

> buy, die, jade
>
> rubber, ready, magic
>
> play, train, Christmas

3）母音の鼻音化 – 鼻音の前にくる母音、とくに低舌母音は鼻音化することが知られている。

> sand [sæ̃nd]　　　　tan [tæ̃n]
>
> can't [kæ̃nt]　　　　can[kæ̃n]

4）2つの単語の間で語末子音と語頭子音が同じである場合、2つの子音連鎖が1つになる。

> nice size　　ten nights　　　love Vickie
>
> bad day　　ripe peach　　　bake cakes

5）/t/ の変化 – /t/ は生ずる音声環境により、次のような音声形式に変化することが知られている。語頭では帯気音、母音間ではふるえ音、鼻音と母音の間では鼻音化ふるえ音または声門閉鎖音に変化することが多い。

> 帯気音　　　　　　[tʰ]　　　tie, retire
>
> ふるえ音　　　　　[ɾ]　　　matter, city

鼻音化ふるえ音   [r̃]   twenty, winter, Atlantic

声門閉鎖音   [ʔ]   curtain, mountain, sentence

6) 有声音・無声音の弁別は前にくる母音の長さに影響する。有声子音の前にくる母音の長さは、無声子音の前にくる母音のそれより長くなることが知られている。cap‐cab の対では、有声音 /b/ の前にくる母音の時間的な長さは無声音 /p/ に比べて長くなることが知られている。

cap‐cab   cat‐cad   luck‐lug

hip‐hit‐hick

7) その他

I miss you.（miss の [s] が [ʃ] に変わる。）

Let me see it.（Let の t が脱落）

Did you see it?（下線部が [dʒ] に変わる。）

milk, film, Bill   [l] → [ɫ]

thin, three, Cathy   [θ] → [f]

5.6 米語に特徴的な音声変化

1) /t, d, s/ の口蓋化

語末で、次にくる単語が母音で始まる場合、/t, d, s/ は口蓋化し、/tʃ, dʒ, ʃ/ になる場合がある。

Did you go there?   [d] + [y] → [dʒ]

Won't you come here?   [t] + [y] → [tʃ]

Bless you!   [s] → [ʃ]

2) /t/ の有声化

語末にくる /t/ が有声子音の前にくる場合、後続する [ð] が脱落し [d] となる。

He will eat them.   [it] + [ðəm] → [...idm]

3) [ə] への変化

米語では母音に強勢が置かれない場合、[ə] に変化することが多く、こ

の現象を弱化 (vowel reduction, vowel weakening) と呼ばれる。

I'd like to speak to the doctor.　　[tu] → [tə]

I know that you're upset.　　[ðæt] → [ðət]

I'm waiting for the train.　　[fɔr] → [fɚ]

How long are you going to stay at the hotel?　[æt] → [ət]

She is as happy as a lark.　　[æz] → [əz]

4）[ə] の脱落

[ə] の脱落は、米語ではよく見られる現象であり、強勢の置かれない母音に生ずることが多い。

Can I help you?　　[kæn] → [kən] または [kn]

He wanted to swim.　　[tə swɪm] → [t swɪm]

They go to work.　　[tə wərk] → [t wərk]

Fish and chips　　[ən] → [n]

This is an interesting article.　[ɪntərɪstɪŋ] → [ɪntrɪstɪŋ]

This chocolate is very good.　[tʃakələt] → [tʃaklət]

5）/t/ のふるえ音化

butter　　[t] → [ɾ]

Betty bought a bit of better butter.　[t] → [ɾ]

butter　[bʌtər] などの単語に見られるように /t/ が母音間にきて、後続する母音に強勢が置かれない場合にふるえ音化する。

6）子音の脱落

ham and eggs　　　[hæmə nɛgz]　/d/ の脱落

What time is it now?　[wɑ taɪm ɪz t naʊ]

He had an interview.　[ɪnəvju]

7）米語の /r/ 音

heart, work, hard など　[hɑrt], [wɑrk], [hɑrd]　/r/ は巻き舌化する。

第6章　音節・強勢・リズム

第6章 音節・強勢・リズム

6. 1 音節とは

音節 (syllable) は、母音を中心にまとまった音の単位であり、英語の単語は音節より成る。dog のように1つの音節から成る単語もあれば、defensibility のように6個よりなるものもある。音節は、音声現象を考える上で重要な単位であり、その音声的な特徴を理解することは有意義である。音節は、英語の強勢、リズムおよび音声変化などの検討において重要な役割を有し、音素とともに基本的な単位と考えられている。

音節は、母音を中心にした単位であり、その定義について、広く話し手、聞き手の観点から試みられている。生理的に、肺からの呼気流は一定の量で流れているというよりも、脈動的に流れており、その流れが最も強くなるところが山（ピーク）であり、1つの山が1音節に対応すると考える。この考えは、Stetson (1951) によるもので、呼気流に関係する筋肉の収縮に基づいてものであるが、必ずしも受け入れられていない。これに対して、一般的に受け入れられている考えは、聴覚上の特徴によるもので、個々の音声単位の聞こえの大きさ (sonority scale) に基づくものである。この考えは口腔内における音声の共鳴性に関するものであり、音節の定義ではよく使用される。聞こえの大きさは、音響的な強さに対応し、各音声は相対的に異なり、一般に低舌母音は最も大きく、他方、無声閉鎖子音は最も小さいことが知られている。各音声分類における相対的な聞こえの大きさは、以下のように示される。/p, t, k/ の無声閉鎖子音の聞こえの大きさを1とすれば、他の音声範疇の相対的な大きさは下記のように示される。

低舌母音 (low vowels)	10
高舌母音 (high vowels)	8
鼻音 (nasals)	6

有声摩擦音 (voiced fricatives)	4
有声閉鎖子音 (voiced stops)	2
無声閉鎖子音 (voiceless stops)	1

上記の関係は、図 7.1 のように示される。

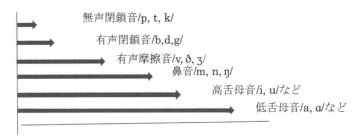

図 7.1　聞こえの大きさの相対的関係

6. 2　音節数

　英語において音節は、韻律を形成する上で重要な単位であり、母国語の話者は明確な定義を行うことなく、音節という用語を用いている。定義づけを行うことが難しいとしても、英語の話し手は、聞いた単語を自分で発音することにより単語内における音節数を判断することができる。多くは母音の分布を中心に、pit, set などは 1 つ、permit, second などは 2 つ、さらに discipline, examine などは 3 つのように各単語における音節数を数えることができる。

例：	単音節語	－	thing, come, spa, probe, run など
	2 音節語	－	coming, doctor, machine, problem, police など
	3 音節語	－	radio, beautiful, mechanize, politics, banana など
	4 音節語	－	problematic, mechanical, politician, information など
	5 音節語	－	irresponsible, possibility, naturalistic など

　英単語の音節数を調べるために、母音の数を確認することが重要であり、それらを中心に発音し、音節数を推計することができる。非英語母語

話者には容易でないこともあるが、音節数を確認することは英語の発話では
きわめて重要となる。例えば、devastate という単語では、3つの母音が
あり、3音節ということができるが、音節への分割についは幾つかの可能
性がある。/de.vəs.teɪt/, /dev.əs.teɪt/, /de.vəst.eɪt/ のように3つの可能性があ
るが、辞書では真ん中の取り扱いを記載している。単語の読み方として
は、母音の後に子音が後続する場合は、その母音の後に音節の境界を設け
るか、または2つの子音連鎖の間に境界を設けることが考えられる。

6.　3　音節の構造

　音節は、聞こえの大きい母音を中心に形成されており、単音節の組み合
わせとしては、次のように示される。

a [æ]	母音
an [ən]	母音＋子音
ask [æsk]	母音＋子音＋子音
caps [kæps]	子音＋母音＋子音＋子音
scans [skænz]	子音＋子音＋母音＋子音＋子音
scraps [skræps]	子音＋子音＋子音＋母音＋子音＋子音
scrumps [skrʌmps]	子音＋子音＋子音＋母音＋子音＋子音＋子音

　上述のように、音節は母音を中心に構成されているが、一部の英単語で
は 音 節 の 分 割 を 明 確 に 行 う こ と が 難 し い 場 合 が あ る。例 え ば、
extra [ekstrə] のような単語では、2つの音節より成っていると考えること
ができるが、その分け方として ek-strə またはeks-trə の2つが考えられる。
いずれの分割が適切であるかについて、幾つかの考え方があるが、音節の
結合上の条件とか、発音、聴き取り上の条件より考察することが必要とな
る。
　音節は、相対的な聞こえの大きさを尺度に、形成されていることを述べ
てきたが、音節の構造は、聞こえの山を中心に階層的な構造になっている
ことが指摘されている。例えば、stamp [stæmp] は、下記のような構造を
有し、音節は音節頭位 (onset) と韻 (rhyme) に分かれ、韻は山 (peak) およ

び音節尾位 (coda) のようなレベルに分かれることが認識されている。pie, buy, lie, tie, rye などは同じ韻 (rhyme) を持っており、詩などの朗読において重要な機能を有している。

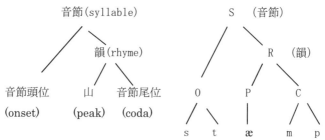

6.4　強勢とは

　英語の強勢は、単語のレベルでの語強勢 (word stress) と文のレベルでの文強勢 (sentence stress) があり、ここでは語強勢について述べる。英単語は、ひとつまたはそれ以上の音節より成っており、強勢を受ける音節とそうでない音節がある。強勢を受ける音節は、前後の音声環境に比べて相対的に強く発音され、より際立ち、またピッチが高く、発話のリズムを形成する上で重要な機能を有している。強勢を受ける音節を強勢音節 (stressed syllable)、強勢を受けない音節を無強勢音節 (unstressed syllable) と言い、無強勢の場合、母音は本来の音価を失い、弱化または中央化する傾向があることが知られている。

　強勢のレベルは、通常、3つ（または4つ）の段階があることが知られており、次のように示される。4段階の場合は、第3強勢 (tertiary stress) を追加する。

　　　　　　第1強勢 (primary stress)
　　　　　　第2強勢 (secondary stress)
　　　　　　無強勢 (non-stress)

　英語の綴り表記では強勢の位置は表示されず、発音記号に alive [ə'laɪv], physical ['fɪzɪkəl] のように表示される。強勢音節を正しく発音することは非常に重要で、同じ綴りであっても、強勢の位置の相違により意味の違い

が生じる。例えば、invalid [ɪnˈvælɪd] は（形）「無効の、根拠のない」の意味に対し、invalid [ˈɪnvəlɪd] は（名）「病人」の意味となる。この種の単語には、conˈsole（動）「慰める」、ˈconsole（名）「制御装置」などがあり、強勢の配置が意味の弁別に重要であることを示している。

6. 5　強勢音節の音声的特徴

強勢音節の強さは、上述しているように、前後の音節との相対的なものであり、強さの基準に絶対的な尺度がある訳ではない。調音的には、強勢音節は無強勢の音節に比べて強く発音され、次のような音声的特徴を有する。

1）強勢音節は、無強勢音節に比べて聞こえ (sonority) が大きい。聞こえが大きいということは、その音節の開始エネルギーが強いということであり、聞こえの特徴のみならず他の特徴も変化する。

2）強勢音節は、無強勢音節に比べて持続時間が長い。

3）強勢音節は、無強勢音節に比べてピッチが高い。ピッチは声帯の振動数に関係しており、ピッチが高くなることはプロミネンスを高めることになる。

4）隣接する音節の母音との関係において、特に強く発音されなくても、音質が異なる場合、強勢を受ける音節のように聴きとれることがある。

6. 6　強勢の位置

英語の強勢の位置について、幾つかの要因によって影響されることが知られているが、主に接頭辞、接尾辞および品詞の種類などが関与すると考えられている。接頭辞は、単語の最初に付加される接辞で、un-, re-, dis-などがあり、他方、接尾辞は単語の末尾に付加される接辞であり、-hood, -ic, -es などがある。

英語の単語は、歴史的な展開において印欧語系の幾つかの言語と密接に関連しており、その強勢パターンは発展の中で大きな変遷を示している。大きく分けてゲルマン系とロマンス系の言語から派生しているものが多く、それぞれの系統の言語の特徴が反映されることが多い。ゲルマン系言語の単語の場合、語頭音節が強勢を受けることが多く、他方、ロマンス系言語の単語では語末音節が受けることが多い。特に、英語の単語を形成す

る接頭辞、接尾辞は強勢パターンに影響を与えることが理解されている。各々の接頭辞、接尾辞による強勢パターンの一般的な傾向は、次のように示すことができる。

1) 次の接頭辞の場合、2番目か3番目の音節に第1強勢が置かれる。これらの接頭辞は、付加されることにより新しい単語、主に動詞を形成し、語幹の強勢がそのまま保持されることが多い。

back-	back'fire	in-	in'grain, in'lay
out-	out'flow	post-	post'date
pre-	prear'range	co-	coex'ist
re-	re'gain	counter-	counter'balance

その他の類似の傾向を示す接頭辞：

mis-, mal-, un-, dis-, out-, inter-, over- など

2) 2音節より成る単語で、名詞として機能する場合は最初の音節に強勢を置く。

'father, 'table, 'hungry, 'organ

3) 2音節より成る単語で、動詞または形容詞として機能する場合は語末の語根に強勢を置く。

be'gin, dis'charge, com'plete, in'tense

4) 次のような接尾辞の場合、接尾辞の1つか2つ前の音節に第1強勢が置かれる。

-ly	ab'ruptly	-al	'personal
-ive	ex'pensive	-ent/ant	de'fiant
		-ic	'plastic

5) 次のような接尾辞の場合、その直前の音節に第1強勢が置かれる。
(Kenworthy, 64)

-ive	at'tentive	-iate	'deviate	-iary	sub'sidiary
-iant	'deviant	-iable	ne'gotiable	-ial	sub'stantial
-ian	co'median	-ior	an'terior	-ious	in'fectious

6）次のような接尾辞の場合、語末から 4 番目の音節に第 1 強勢が置かれる。

(Kenworthy, 64)

-ary	'temporary	-ator	in'vestigator
-mony	'testimony	-acy	'delicacy
-ory	'signatory		

7）一部の 2 音節の単語では、動詞ー名詞の品詞の違いにより強勢配置の異なるものがあり、そのような単語の場合、動詞では語末に、名詞では語頭に第 1 強勢が置かれる。

'permit (N) – per'mit (V)　　'export (N) – ex'port (V)

'insult (N) – in'sult (V)　　'increase (N) – in'crease (V)

'subject (N) – sub'ject (V)　　'contract (N) – con'tract (V)

この種の単語は、歴史的には 1500 年代には 3 語 (outlaw, rebel, record) であったものが、時の経過とともに増加しており、現在 OED (Oxford English Dictionary) では 200 語位になっていると言われている。

　上記のように、接辞の種類により強勢の位置についてある程度の傾向を判断することが可能であるが、英語の強勢配置で特徴的なことの 1 つは、派生的に関連している単語においては、強勢の位置は固定されているのではなく移動する場合があるという点である。例えば、e'conomy – eco'nomic に見られるように強勢の位置は 2 つの単語の間で異なっている。この種の単語はかなりあり、接頭辞または接尾辞が付いて、より音節数の大きい単語を派生する場合には、その強勢位置に注意しなければならない。

'photograph　　pho'tography　　pho'tographer

'democrat　　de'mocracy　　demo'cratic

　　　'library　　　　　　lib'rarianship　　　　lib'rarian

　特に、接尾辞については、単語の複数形とか時制の変化に関係する屈折接尾辞 (inflectional suffix) と品詞の転換に関係する派生接尾辞 (derivational suffix) とがあり、前者では –(e)s, –ing, –(e)d などで複数形および過去形などを形成し、後者では –less, –hood, –ic, –ee などのように新しい派生語を形成する。屈折接尾辞の場合には語幹との間で強勢移動がみられないのに対し、派生接尾辞の場合には付加される接辞により強勢移動がみられる。例えば、'penny – 'penniless, 'nation – 'nationhood などでは２つの対になった単語間で強勢の移動がみられないのに対し、'atom – a'tomic, 'grammar – gram'marian などの対では移動がみられる。それ故、接尾辞の中に強勢の移動を起こさせるものと、そうでないものとがあり、前者には –ic, –ian, –al, –ee などがあり、後者には –ness, –ly, –ism などがある。ただ、幾分複雑なことは、強勢の移動を起こすと考えられる接辞でも、単語によって起こす場合とそうでない場合とがあるということである。例えば、–ity は 'solemn – so'lemnity の対では強勢が移動しているが、di'vine – di'vinity では移動がみられない。こうした例の場合、–ity という接辞で移動が生じているのか、または他の音節構造により強勢の移動が生じているのか判断し難い。

接頭辞の種類

1.　接頭辞による強勢位置。

1)　a-　　　　　a'ffect, a'gree, a'venge

2)　ap-　　　　ap'proach, ap'plaud, ap'prove

3)　be-　　　　be'come, be'have, be'hold

4)　com-　　　com'plete, com'ply, com'pel

5)　col-　　　　col'lect, col'loid, col'lude

6)　dis-　　　　dis'cuss, dis'miss, dis'turb

7)　en-　　　　en'gage, en'chant, en'close

8)　ex-　　　　ex'ceed, ex'cel, ex'press

9)　in-　　　　in'tend, in'dict, in'form

10)　inter-　　inter'cept, inter'lope

11) post-　　post'over, post'assembly
12) pro-　　pro'ceed , pro'vide, pro'test
13) re-　　re'ceive, re'call, re'join
14) se-　　se'cede, se'cure, se'duce
15) up-　　up'hold, up'set

2.　次の単語は、品詞の相違により強勢の位置が異なっている。

	名詞		動詞
1)	'contrast	–	con'trast
2)	'permit	–	per'mit
3)	'subject	–	sub'ject
4)	'record	–	re'cord
5)	'rebel	–	re'bel
6)	'increase	–	in'crease
7)	'object	–	ob'ject
8)	'protest	–	pro'test
9)	'produce	–	pro'duce
10)	'defect	–	de'fect

　単語の中には、'interest, 'compost, 'index, 'contour などのように、名詞、動詞とも同じ強勢位置を示すものもある。

　次に -ate で終わる単語は、名詞・形容詞と動詞の品詞の違いにより、発音が異なる (Dauer 1993)。

	名詞・形容詞	動詞
graduate	graduate ['grædʒuɪt] 大学院生	graduate ['grædʒueɪt] 卒業する
duplicate	duplicate ['duplɪkɪt] 写し	duplicate ['duplɪkeɪt] 複製する
estimate	estimate ['ɛstɪmət] 見積書	estimate ['ɛstɪmeɪt] 見積もる

alternate	alternate ['ɔltərnɪt]	alternate ['ɔltərneɪt]
	代理	交替する
separate	separate ['sɛpərɪt]	separate ['sɛpəreɪt]
	別離	離れる

6. 7 複合語の強勢

複合語 (Compound) の強勢

2つまたはそれ以上の単語が結合して新しい単語を形成する場合、派生される単語は複合語 (compound) または合成語と呼ばれる。こうした単語では、強勢パターンは多くの場合最初の単語に第1強勢、後の単語に第3強勢が置かれ、1–3のパターンになる。他方、複合語を形成しない場合は句を形成し、多くは3–1のパターンになる。

複合名詞

'toothpick (N + V)	'passport (V + N)
'superman (Adj + N)	'bluebook (Adj + N)
'sea lion (N + N)	'pet name (N + N)
'blackmail (Adj + N)	

複合形容詞

'epochmaking (N + Adj)	'bloodthirsty (N + Adj)
'clockwise (N + Adj)	'outright (Adv + Adj)
'tell-tale (V + N)	

複合動詞

'rubber-neck (N + N)
'high-light (Adj + N)
'black-mail (Adj + N)

ただし、上記のように複合語を形成しない場合には、統語上の構成要素として句 (phrase) を形成し、複合語の場合と異なり、第1強勢は後の単語

に置かれる。複合語になる場合と句になる場合とで意味上の差が生じ、次のように示される。

複合語	名詞句
1. He is a 'Spanish student. （スペイン語を専攻する学生）	He is a Spanish 'student. （スペイン人の学生）
2. There is a 'blue book on the desk. （答案用紙）	There is a blue 'book on the desk. （青い本）
3. She visited a 'greenhouse. （温室）	She visited a green 'house. （緑の家）
4. He made a plan of a 'toy factory. （おもちゃ工場、製造所）	He made a plan of a toy 'factory. （おもちゃの工場）
5. The lawyer had a 'brief case. （手さげカバン）	The lawyer had a brief 'case. （簡単な事件）
6. He is a 'walking dictionary.（生き字引）	
7. He is a 'comic book salesman. （まんがの販売人）	He is a comic 'book salesman. （おもしろい本の販売人）
8. There were 'more beautiful women. （より多くの美しい婦人）	There were more 'beautiful women. （より美しい婦人）
9. He fed her 'dog biscuits. （犬用のビスケット）	He fed her dog 'biscuits. （彼女の犬にビスケット）
10. Where can I get 'binding strips? （止め金）	

6. 8　文強勢

　単語レベルと同様に、文レベルの強勢、つまり文強勢を考えることができ、文の中でどの単語が他の単語よりも強く発音されるかは文意を伝達する上で重要である。単語は主に内容語と機能語に分けられ、一般的に内容を表す名詞、動詞、形容詞などは強勢を受け、他方、文法関係などを示す前置詞、冠詞、接続詞などは強勢を受けないことが多い。文の中でどの単語が最も強く発音されるかについて、前節6．7の複合語の強勢パターン

を踏まえながら、Chomsky and Halle (1968, 18) は文強勢の予測性を示している。彼らは、複合語規則 (Compound Rule, CR) と中核強勢規則 (Nuclear Stress Rule, NSR) を設け、英文の強勢パターンを予測することを述べている。

複合語規則 (CR)　　　$V \rightarrow [1 \text{ stress}] / \underset{[1 \text{ stress}]}{\underline{\quad}} \cdots \overset{1}{V} \cdots]_{NAV}$

中核強勢規則 (NSR)　$\underset{[1 \text{ stress}]}{V} \rightarrow [1 \text{ stress}] / \cdots \overset{1}{V} \cdots \underline{\quad}]_{NP, VP, S}$

　（前提として各英単語は第 1 強勢が置かれている。CR では、2 つ以上の単語が集まり名詞 (N)、形容詞 (A)、動詞 (V) を形成する場合（つまり複合語）、前の単語に第 1 強勢が置かれ、後の単語の強勢は弱められることを示す。NSR では 2 つ以上の単語が集まり N, A, V 以外である場合（句構造などを示す名詞句 (NP)、形容詞句 (AP)、文 (S)）、後の単語に第 1 強勢が置かれ、前の単語の強勢は弱められることを示す。）

　2 語以上の単語よりなる複合語の場合、CR が適用されて最初の単語に第 1 強勢が置かれ、他の単語の語強勢は一段階弱められることを表している。例えば、White House（ホワイトハウス、大統領官邸）では White と House の各単語は第 1 強勢を強勢規則により受けるが、2 つの単語は名詞としての複合語を形成しており、上記の CR により、White に第 1 強勢が置かれ、House の第 1 強勢は弱められて 'White House となる。換言すれば、複合語を形成する場合には最初の単語に第 1 強勢が置かれることを示している。他方、複合語を形成しない場合、つまり White が House を修飾する句（白い家の意味）の場合には NSR が適用され、後の単語に第 1 強勢が置かれ、前の単語の第 1 強勢は弱められる。これらは、統語上の文脈において名詞句、形容詞句、動詞句および文を形成するような場合に適用される。例えば、pretty flowers では、2 つの単語で名詞句を形成しており、NSR により後の単語に第 1 強勢が置かれ、他の強勢は段階的に弱められる。最終的には、pretty 'flowers のような強勢パターンを作り出す。

複合語規則の適用例

   ['piano sonata]_N   ['heart-broken]_Adj

   ['radio station]_N   ['mealy-mouthed]_Adj

中核強勢規則の適用例

   [white 'house]_NP   [John 'kicked]_S   [John's 'father]_NP

　これら 2 つの規則は、2 つ以上の単語よりなる統語上結合された語、語句および文に適用され、より大きなレベルでの強勢パターンを作り出す。例えば、John's blackboard eraser の場合、各単語は語強勢規則により第 1 強勢を受けた後、最も内側に位置する black board が複合語であるため CR を適用する。次に、より大きなレベルの black board eraser も複合語を形成しているため CR を適用し、最終レベルでは John's が名詞句として複合語を修飾しているため NSR を適用する。規則の適用は次のように示され、最終的な強勢パターンは 2　1　4　3 となり、4 つの語の中では black の強勢が最も強くなる。数字は相対的な強さの関係を示したものである。

[[John's]	[[[black]	[board]]	[eraser]]]
1	1	1	1(word stress)
	1	2(CR)	
	1	3	2(CR)
2	1	4	3(NSR)

（black が最も強く、board が最も弱い）

　同様に、Mary teaches English. という英文の場合には、各単語に語強勢の適用の後、NSR が適用されて、文強勢パターンとしては 2　3　1 となる。その派生は次のように示される。英語において中立的な意味で発音する場合、一般に強勢は右端の単語に置かれ、NSR は適切な強勢配置を行っていると言える。

[[Mary]	[[teaches]	[English]]]	
1	1	1	word stress
	2	1	NSR
2	3	1	NSR

　こうした文強勢規則の適用には、幾つかの問題が指摘されている。これらの規則の適用による強勢レベルは、統語上での適用のレベルを示し、現実の強勢パターンには対応していないことが多い。また、幾つかの単語の数が増えれば、当然のことながら、強勢レベルも増えていくことになり、現実の強勢パターンでは調整が必要となる。

　これら2つの規則は、基本的には文の統語（文法）構造に基づいて適用されているものであるが、文の強勢パターンはそれ以外の要因に基づいている現象も多くあり、複雑な様相を呈している。例えば、下記のような例文では、話し手の強調とか、話し手の意図の中での予測性、話題への焦点および意味の対比などが関与しており、個々のケースについて考えていかなければならない。このことは主要な文強勢の位置が必ずしも文の統語上の情報のみではなく意味上の情報にも基づいていることを示している。文の強勢は品詞のつながりのみ依存しているのではなく、意味論の現象としても考えることの必要性を呈している。例えば、次のような例文を考えてみよう。

　　　Your 'mother telephoned.（母が（外から私に）電話した。）
　　　Your mother 'telephoned.（母が（誰かに）電話した。）

　(Did anything happen while he was away ?) の質問に対して、脈絡の意味の相違により強勢パターンが異なる。

　　　I have a 'point to make.
　　　I have a point to 'emphasize.

point to の後にくる make は予測性がきわめて高いため強勢が置かれない
が、他方、emphasize は予測性が低いため強勢が配置される。

'Johnson died. (unpredictable)
Truman 'died. (predictable) (Schmerling, 1976)

上例では、2 人の大統領の死去に関して、前者が予測されなかった場合
であり、後者ではある程度予測された事象であることの違いを示してい
る。

焦点 (Focus) の有無

Is it John who writes poetry?

上例では話し手と聞き手との間で Someone writes poetry ということが前
提とされており、それが John であるか否かということが問われている。
強勢により焦点を当てる場合、焦点以外は話し手と聞き手の間で前提とし
て理解されており、焦点部分は互いに共有されていない情報、つまり前提
のないものと考えることができる。

6.9 言葉のリズム

音楽、言葉およびさまざまな現象にはリズムがある。一般的に規則的な
運動とかパターンが繰り返されるとそこにリズムがあると言われる。言葉
の音声について、リズムという場合、音節とか強勢が規則的にまた反復的
に繰り返されることを指す。この現象は、主に発音上の生理的な動作と人
間の知覚上の特性という観点から検討されている。生理的には、肺気流の
脈動性 (chest-pulse) によって生ずるものであり、同気流に関係する筋肉上
の脈動的な動きが関与する。他方、知覚上の観点では、人間は音節または
強勢のパターンを感覚上の判断として反復的なパターンと認識する。当然
のことながら、物理的な特性の存在が必要とされるが、仮に音節間、強勢
間の長さが均一でなくても、ある一定の範囲であれば人間は規則的なパ

ターンの繰り返しと認識し、知覚的にリズムが存在すると考える。

　言葉のリズムを考える場合、通常、2つのタイプがあると言われており、それらは音節型リズム (syllable-timed rhythm) と強勢型リズム (stress-timed rhythm) に分けられる。音節型リズムは、音節が均等な長さで現れることによるもので、フランス語、スペイン語およびアフリカのヨルバ語などがこのタイプであると考えられている。強勢型リズムは、強勢のある音節が均等に現れることによるリズムで、英語、ロシア語およびアラビア語などがこのタイプであると考えられている。ただし、こうしたリズムの型は、通常の話し方を基準にしたものであり、強勢型と言われる英語でも幼児の話し方などでは音節型になる場合があることが知られている。

　英語のリズムの違いについては、次のような例文を考えることができる。

　　'This is the 'house that 'Jack 'built.

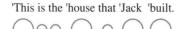

　上記の英文では、強勢を受ける単語とそうでない単語とが現れる。強勢を受ける単語は主に内容語であり、他方、受けない単語は機能語ということができる。強勢単語と無強勢単語はほぼ交互に生じている。強勢間の句切りの間隔の長さは等しいと考えられ、この句切りを Foot（脚）という。脚は強勢で始まり、次の強勢音節の始まりまでの間隔を示し、その中には強勢のない音節もある。それ故、英語のリズムは、こうした脚を中心に強－弱－強－弱の繰り返しと考えることができる。

6. 9. 1　リズムの問題点

　英語のリズムは、強勢間の長さが均等であるという考えに基づいているが、時間的な均等性（または等時性）に関し、裏付けがなされているのか否かについて検討する。幾人かの研究者により調べられており、Roach (2009) は時間的な等時性について、裏付けは少ないことを指摘している。また Dauer (1983) は、実証的に英語（強勢型言語）とスペイン語（音節型言語）の強勢間の時間的長さを測定し、両言語の間に大きな差は存在しないことを述べている。そうした実験に基づき、2言語のリズム間の相違

は、時間的な長さではなく、音節の構造、強勢を受ける音節の構造、また
そうした音節の出現の頻度、および弱化母音の存在が各言語のリズムの形
成に関わっていることを述べている。

6. 9. 2　リズム形成における弱化母音

　英語のリズムは、前述しているように、脚が重要な役割を有し、強勢の
置かれない音節とそうでない音節より形成される。強勢が置かれない場合、
その音節の母音は本来の音価を失い母音は弱化したという。母音が弱化し
た場合、母音は中高舌・中央舌の schwa [ə] になり、時間的にも短く、声の
高さも低くなることが知られている。例えば、fast では [æ] であるのに対
し、breakfast の fast では強勢は置かれず、母音は schwa [ə] に変化する。こ
うした現象を母音の弱化 (vowel reduction, vowel weakening) と言い、強勢の
有無が母音の質に大きな影響を与え、英語音声のリズムなどの形成に関わっ
ていることが知られている。母音が弱化した場合には、schwa [ə] のほかに
[i] – [ɪ] の領域、[u] – [ʊ] の領域に入る母音になることが知られている。

　母音の弱化について、その理論的な解釈は今までに研究者により行われ
ており、伝統的には母音の中央化と考えられている。無強勢音節におい
て、母音は本来の音価を失い、最も安定的な位置である中央よりに来ると
いうもので、英語および米語でよく見られる現象と考えられている。他
方、別の考え方としては、母音の弱化は調音結合であり、無強勢音節の母
音は前後の音声環境に影響を受ける脈絡上の同化と考えられている。
Kondo (1995) では、schwa に関する検討の中でこの弱化について、幾つか
の研究成果を検討し、中央化とみるか脈絡上の同化とみるかの考察を行っ
ている。しかし、いずれにして無強勢音節の母音は時間的に短く、不完全
な形で発音されているものであり、その音価については前後の音声環境に
影響されるものと考えられる。

　代表的な弱化母音 schwa [ə] は、さまざまな音声環境で生じ、無強勢音
節であれば生じていると言っても過言ではない。be 動詞、不定冠詞、所
有代名詞、前置詞、接続詞などが無強勢であれば弱化母音として現れる。

In fact I <u>am</u> extremely lucky.

　　　[əm]

I learn <u>a</u> lot about what they're thinking.

　　　[ə]

　I gave <u>her</u> the book.

　　　[hə] or [hɚ]

I <u>can</u> see that <u>you're</u> upset, but I don't think <u>that</u> I <u>can</u> help <u>you</u>.

[kən]　　　　[yɚ]　　　　　　　　　　[æt] [kən]　　[yɚ]

　特に、学習において、問題となるのは出てくる単語が強勢の有無により、弱化母音として現れ、英語学習者は形の変化に気付かずに元のまま発音することである。こうした点に学習上注意を払う必要があるが、現実の発話では容易でない。

第7章　イントネーション

第7章　イントネーション

7. 1　イントネーションとは

　イントネーション (Intonation) は、言語における主要な韻律特性の一つであり、言語学的にみて極めて重要な機能を持っている。イントネーションは、発話における言葉のメロディーと考えることができ、文の抑揚を変えることにより、話し手の考え、意志、感情などを表すことができる。音声の流れにおいて、声の調子が連続的に高低に変化をすることはよく見られることであり、節および文レベルでの声の高さの変化をイントネーションと考えることができる。英語のイントネーションについての研究は、今までに数多くなされており、Roach (2009) は、形状と機能の関係について、感情、アクセント、文法および談話に分けて詳述している。

　音声の構成を分節素 (segment) と超分節素 (suprasegment) に分けると、言語を構成する音声単位（分節素）は個別言語的な特性を持つのに対して、イントネーション（超分節素）はある面において普遍的な特性を持つと考えることができる。例えば、文末を上昇させるような場合、多くの言語において疑問とか、話し手の不確かさを表すのに対し、文末が下降調になるような場合、文の完結性とか話し手の断定的な気持ちを表すことが多い。こうした特性が一般的に考えられるにしても、英語についての検討は、話者がコミュニケーションにおいて如何にそれらを使用するかということであり、具体的には、(1) 言語学的に意義のあるイントネーションのパターンは何か、さらに (2) 同パターンは如何に統語的・意味的な構造に関連されているか、ということになる。換言すればイントネーションの形態とその機能の検討を行うことになる。よく引用される例であるが、yes と言う語を一語文として発話する場合、イントネーションのパターンにより次のような意味を有す。

Yes を一語文とするイントネーション・パターン

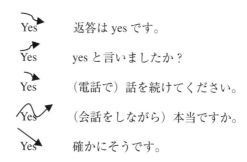

Yes　　　返答は yes です。

Yes　　　yes と言いましたか？

Yes　　　（電話で）話を続けてください。

Yes　　　（会話をしながら）本当ですか。

Yes　　　確かにそうです。

　イントネーションは、生理的には声帯の振動数の変化であり、振動数が増大すれば高くなり、減少すれば低くなる。振動数は、音響的には基本周波数（Fundamental Frequency, F0）の変移であり、また聴覚的にはピッチの変化と捉えることができる。男性と女性を比べた場合、男性ではピッチが低く、女性ではピッチが高いが、こうした相違には振動数が大きく関与している。声帯の振動数は、主に 2 つの要因によって影響を受け、1 つは声帯の位置と同筋肉の緊張の度合い、他は声門を通過する気流の量と考えられる。発声的にはこれら 2 つの要因によって影響されるが、音声の流れにおける部分的・全体的な面からみると、個々の音声単位のレベルでは母音の高舌性・低舌性、また子音の有声性・無声性などの相違により、さらに単語レベルでは強勢音節のプロミネンスの相違などがイントネーションに影響を及ぼすことが考えられる。また音声の流れそのものは、全体的には自然降下 (declination) の傾向を示すことが多く、こうした諸条件のなかでイントネーションのパターンが如何に変化するかの検討は大きな意義を持つ。

　イントネーションの研究は、このように音響的、音声的および音韻的な幾つかのレベルで調べられており、諸言語の音声研究のなかで主要な領域を占めていると言える。前述したように、音響的には基本周波数のパターンの時間的な変化であり、これらのパターンが人間の耳に如何に聴き取られるかを調べ、次に音声的には識別できるピッチ・パターンの種類の検討を行い、最後に音韻的に同パターンと意味との関係を明らかにすることになる。要するに、言語学的にはイントネーションのパターンと意味との関

係を明らかにすることが重要であり、音響上の特徴が必ずしも知覚上のパターンに一致するとは限らない。

　英語を学習する場合でも、イントネーションは極めて重要であり、英語のイントネーションは日本語に比べて変化の幅とそのパターンの種類に富んでおり、そうした特徴の習得は理解性と流暢性を高める上で意義がある。日本人学習者の場合、いろいろ発音面での問題点が指摘されているが、イントネーションのパターンの適切な習得が大きな課題であり、特に注意を払う必要がある。

7.2　イントネーションの表示

　イントネーションの表示には、幾つかの方法があり、数字によるもの、曲線によるもの、さらには特殊なピッチマークで示すものがある。こうした表示方法は、各研究者によって便宜的に使用されているが、記述の妥当性の立場からどの方法が適切であるのかということを検討する必要がある。

　表示の種類

1) 数字と直線の組み合わせ　1（低）－2（中高）－3（高）－4（最高）

$$\underline{2}\text{The train was o}^{\overline{3}}\text{n}_{1}\text{ time.}$$

2) 曲線　イントネーションの変化を曲線表記したもの

The train is on time.

3) 綴り表記をイントネーションの変化に対応させたもの

$$\text{The t}^{\text{ra}}\text{in is o}^{\text{n}}\ ^{\text{ti}}\text{m}_{\text{e}}$$

7.3　イントネーションとその文法的機能

7.3.1　イントネーションのパターンとその機能

　イントネーションを検討する上で重要なことは、英語において如何なるパターンが存在し、それらのパターンは文法的・意味的に如何に関連づけられているかまた強勢の配置と如何に関連づけられているかを明らかにす

ることにある。通常、下降型、上昇型およびそれらの組合せのパターンが知られており、次のように示すことができる。

1）下降型 (fall)

下降調は、平叙文、wh 疑問文、命令文および感嘆文によく見られる。

Montana has a unique beauty.（平叙文）

I said I couldn't hear you.

Why were you so excited?（wh 疑問文）

How can I help you ?

Be careful.（命令文）

What a wonderful day it is !（感嘆文）

2）上昇型 (rise)

上昇調は、yes-no 疑問文、不確かさとか不完全さを示す平叙文にみられる。

Do you want some milk ?

Has she finished it ?

Is it raining again ?

We eat at a drugstore, a cafeteria, or a restaurant.

How are you feeling, Mr. Kemp ?（呼びかけ）

You're hungry, aren't you ?　(You're hungry, aren't you ?)

And this is your brother ?（平叙文であっても、疑問を表す。）

yes-no 疑問文においても、特殊な状況では下降調になる場合がある。

Oh, does Steve have a car ? 　　（話し手は Steve が車を持っていること
　　　　　　　　　　　　　　　　を知らずに、持っていることが判明す
　　　　　　　　　　　　　　　　る場合で話し手の意外性を示す。）

7. 3. 2　イントネーションによる意味の対比
1）強調

I saw a MAN in the garden. (Who did you see?)

I SAW a man in the garden. (Did you hear a man in the garden?)

　上記の例文では、音調核である文強勢の位置が異なっており、音調核の移動による意味の対比と考えることができる。音調核が配置される語または語句がいわゆる新情報を表している。

2）文法的

John's going HOME.　　John's going HOME?

　文末が下降調であるか上昇調であるか否かにより、平叙文または疑問文として機能する。

George has plans to LEAVE.　　George has PLANS to leave.

（ジョージは出発する計画を　　（ジョージは後に置いておくべき計
持っている。）　　　　　　　　画書を持っている。）

Would you like TEA or COFfee?　（紅茶かコーヒーのいずれがすきですか。）

Would you like TEA or COFFEE?　（紅茶かコーヒーかその他の飲物はい
　　　　　　　　　　　　　　　　かがですか。）

Sally has a new boyfriend. Who ?　（誰に boyfriend がいますか。）

　　　　　　　　　　　　Who ?　（boyfriend は誰ですか。）

This is my sister, Eunice.　　　This is my sister, Eunice.
　　　　　　　（同格）　　　　　　　　　　　　（呼びかけ）

Jenny, the poor child, fell down.　（話し手の判断）

Jenny, the poor child, fell down.　（同格）

3）発話内行為（発話に慣習的に結び付いた行為）

　　WHY don't you move to CaliFORnia? (question)　何故カリフォルニアに
　　　　　　　　　　　　　　　　　　　　　　　　移らないのか理由を尋
　　　　　　　　　　　　　　　　　　　　　　　　ねる。

　　Why don't you move to CaliFORnia? (suggestion)　カリフォルニアに移っ
　　　　　　　　　　　　　　　　　　　　　　　　ては如何ですか。

4）話し手の態度

　　Good MORNing.　　　　　　　　　（陽気な気持ちでの朝の挨拶）

　　Good MORNing.　　　　　　　　　（普通の朝の挨拶）

　　You gotta be kidding.　　　　　　（冗談をよく言う人に対して「（また）
　　　　　　　　　　　　　　　　　　冗談でしょ。」）

　　You gotta be kidding.　　　　　　（まさか。冗談でしょ。）

5）その他

　　付加疑問文 (Tag-question)　付加疑問文は、平叙文と疑問文の二面性を
　　　　　　　　　　　　　　持っており、文末のイントネーションのパ
　　　　　　　　　　　　　　ターンによりいずれか一方の特性が現れる。
　　　　　　　　　　　　　　下降調では平叙文、上昇調では疑問文となる。

　　It's raining, isn't it?　　　　　　（断定）

　　It's raining, isn't it?　　　　　　（疑問）

You are Wally, aren't you?

　　Yes. （同意）

　　No. （否定と驚き）(Why do you ask ?)

　　Yes. （同意と驚き）

　　No. （否定）

wh- 疑問文で上昇調となる場合

Wh-question　　　　What's the matter with Melisa?

Echo　　　　　　　Did you say what's the matter with Melisa?

談話内でのイントネーション

　　What did you eat for dinner?　　I ate roast beef.
　　（夕食で何を食べましたか。ローストビーフを食べました。）

　　What did you drink?　　I drank martini.
　　（何を飲みましたか。　マーティーニを飲みました。）

7.4　イントネーションの学習

　イントネーションは、音響的には基本周波数のパターン（F0 パターン）として現れ、分析に使用できると同時に、学習にも使用される。語学教育に使用する方法は、視覚フィードバックと呼ばれるもので、目標文の F0 パターンを取り出し、学習者はそれにできるだけ近づけるように練習を行うものである。原理的には極めて単純であるが、その応用例は相対的に少なく、Bot K.de (1983) がオランダ人英語学習者にこの方法を利用し、有効な結果が得られたことを述べている。日本人学習者に対する応用例は多くなく、Shimizu (1987) が日本人英語学習者に対する効果を述べている。ここではその結果を中心に考察する。

　英語のイントネーションは、文の種類、話者の態度とか感情により下降調、上昇調およびその組み合わせに分けられる。次のような英文の F0 パターンを考えてみよう。

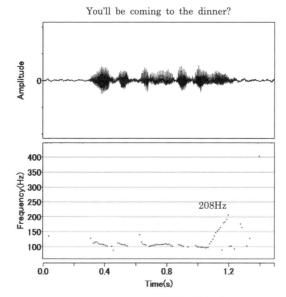

図 7.1　You'll be coming to the dinner の波形（上）と F0 パターン（下）

　上記の英文は、文末が上昇する疑問文であり、文末尾で話者（米人男性）は 98 Hz から 208 Hz に F0 パターンを上昇させている。約 100 Hz 上昇しているが、この英文を日本人学習者が発話する場合、図 7.1 のような上昇は見られず、学習者は F0 パターンを十分に理解していないことが多い。このように視覚でもってモデルとなる英文と学習者の発話する英文の F0 パターンを比較することにより、学習者はイントネーション・パターンを理解することができる。こうした方法により、発音学習をかなり向上させることができる。

　その理由として、1）学習者は、目標となる英文の F0 パターンをみることにより、時間経過のなかで英文のパターンを理解することができる。2）学習者は、目標文と自己の発話文の F0 パターンを比較することにより、即時的に発話を訂正することができる。さらに 3）発話文の時間的な要因を客観的に制御でき、学習の動機付けを高いものにすることができる。一応こうした利点が考えられるにしても、設備の問題であるとか、視

覚学習と聴覚学習の関連などについて、さらに理解を深めることが求められる。

第8章　音響音声学

第8章　音響音声学

8. 1　音響音声学の基礎

　音響音声学 (Acoustic Phonetics) は、音声の物理的・音響的特徴を調べる分野であり、音声学の主要な研究領域である。音声の調音は、調音器官の機能的な動きと、それに伴う気流の変化によって行われ、こうした変化は、さまざまな音響的特徴となって現れる。音声そのものの物理的特徴は、工学系の分野で詳しく研究されているが、音声学では、発音における調音器官の動きと音響的特徴との関係を明らかにすることを中心に研究されている。調音器官（声門から唇まで）は一種の可変的な音響管と考えられ、この中で調音に関わるエネルギーは音響上のエネルギーに変えられる。音声の音響的特徴の研究は、音響分析機器の発展に負うところが大きく、その中で、特にサウンド・スペクトログラフ (sound spectrograph) は大きな役割を果したと言える。最近ではコンピュータによる音声分析が盛んであり、こうした機器による分析を通して、音声およびその現象を客観的に観察することが可能となっている。こうした分野の研究により、従来まで静的なものとして捉えられていた音声現象は、動的なものとして捉えられるようになった。音響音声学のデータは、さまざまな音声現象を説明するのに役立っており、音声的特徴の解明、音声変化などの説明に大きく貢献していると言える。

8. 2　音声分析の基礎

8. 2. 1　基本的用語

　音声分析を行うには、音声波についての理解がある程度必要であり、次のような基本用語を理解することが求められる。

1）周期 (period)　　　　　　　1 サイクルするのに要する時間。A 点か
　　　　　　　　　　　　　　　ら B 点に移動するまでの時間。

2）振幅 (amplitude, dB)　　　　波形における変位の幅を示し、音の強さ
　　　　　　　　　　　　　　　に関係する。波形における C の部分。

3）周波数 (frequency, Hz/cps)　1 秒間におけるサイクル数。

4）波長 (wavelength)　　　　　1 周期の波の伝わる距離、つまり 1 サイ
　　　　　　　　　　　　　　　クルの波の伝わる距離。

5）相 (phase)　　　　　　　　幾つかの正弦波（規則的に山と谷とが繰
　　　　　　　　　　　　　　　り返される波）が組み合わされる時の時
　　　　　　　　　　　　　　　間的な関係。

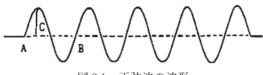

図 8.1　正弦波の波形

　波形には、山と谷とが規則的に現れる正弦波 (sinusoid) とそうでない非
正弦波 (non-sinusoid) とがある。複雑な形を示す非正弦波は、周期、振幅
および周波数の異なる正弦波の和より成る複合波であることが理解されて
おり、これは一般にフーリエの定理 (Fourier's theorem) として知られてい
る。さらに幾つかの正弦波から成る非正弦波について、それらの和の相
(phase) が異なっていても耳には同じ音として聞こえ、このため分析には
波形の相よりも主に振幅と周波数が重要な要因となる。図 8.2 では、Ⅰと
Ⅱを構成する正弦波 (a), (b), (c) は同じであるが、組合せの相が異なり、
波形 (d) となるが、同じ音として聞こえる。Ⅲは構成波のスペクトルを示
し、周波数 1，3，5 はイメージ的にそれぞれ (c), (b), (a) に対応する。

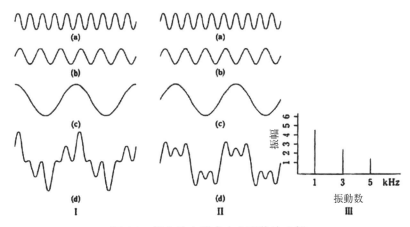

図 8.2　複合波を形成する正弦波の相

8. 2. 2　音源と声道

　母音などの調音において、音源 (Voice Source) としての声帯から作り出される音声波は、声道内における口腔形状の変化に応じて幾つかの音響的特徴が変わる。音源からの音声波は、基本となる音声波の倍音であり、その特徴は声の高さとか強さに現れる。例えば、ある非正弦波が 100, 200, 300, 400 および 500 Hz の各成分波形より成る複合波である場合、その基本周波数は 100 Hz であり、構成する他の波形は 100 Hz の倍音と言える。

　声道は、声門から唇までの器官であり、一種の音響管として機能する。舌の動きにより種々形状は変化し、その変化に応じて共鳴する周波数が変わる。声帯波形を構成する音声波のうち、特定の形状によりある一部の周波数が強く共鳴し、母音の音価を特徴づける。形状の変化に応じて一部の周波数が強く共鳴することをフォルマント (formant) と言い、その周波数をフォルマント周波数と言う。このため、図 8.3 に示すように声道は一部の周波数を選択的に強く共鳴させる機能があり、一種のフィルターと考えることができる。母音調音におけるこうした考えは、音源フィルター論 (Source-Filter Theory) として知られている。

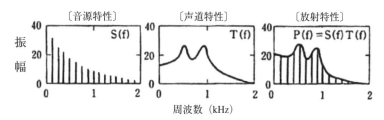

図 8.3　声道内における共鳴特性

　中高舌・中央舌母音の [ə] の場合、音源波形のスペクトログラムにおい
て、500、1500、2500 Hz の各周波数の周辺で強く共鳴することが知られ
ており、それぞれ低い周波数帯から第 1、第 2 および第 3 フォルマント周
波数と言われ、F1, F2 および F3 と示すことができる。こうした母音の共
鳴特性を示す母音スペクトログラムは、図 8.4 のように示される。横軸に
は時間 (msec)、縦軸には周波数 (Hz) を表し、共鳴を示すフォルマントは
濃い棒線で現れる。

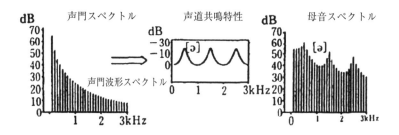

図 8.4　母音の共鳴特性を示すスペクトル

8.3　母音の音響的特徴

　個々の分節素の音響的特徴は、調音器官の形状変化によって変わるが、
母音の調音については、舌によるせばめの位置、そのせばめの大きさ（拡
がり）および唇の丸み（円唇化）の 3 つの要因が母音のフォルマント周波
数に大きく影響する。米語の母音に関するデータに基づいて、調音器官と
形状変化との関係を調べてみると、各母音のフォルマント周波数は、表

8.1 のように示すことができる。この表によると第 1 フォルマント（F1）
周波数は舌の高さと逆比例の関係にあり、また第 2 フォルマント（F2）
周波数については、[i] から [u] に移動するに従って、徐々に下がる傾向を
示している。ただし、この F2 周波数と舌の位置との関係は、F1 周波数と
舌の高さの関係ほど明確ではない。F1 と F2 の周波数についての差は、前
舌母音の場合にはかなり差がでているが、後母音の場合にはあまり差が見
られない。さらに、唇の拡がりの度合いによる影響についても、一般に円
唇化にせばめが加わるにつれて、各フォルマント周波数は低くなることが
知られている。これは、唇の円唇化が加われば、声道の長さが長くなるこ
とによる。

表 8.1　米語母音（男性）の第 1 フォルマント (F1)、第 2 フォルマント (F2)
　　　　周波数

	/i/	/ɪ/	/ɛ/	/æ/	/ɑ/	/ɔ/	/ʊ/	/u/
F1	270	390	530	660	730	570	440	300
F2	2290	1990	1840	1720	1090	840	1020	870

　F1, F2 および F3 の各周波数は、各母音の音色を特徴づけるもので舌に
よる口腔形状変化と唇の状態とに深く相関している。こうした相関性は、
F1 と F2 の各周波数を図 8.5 のように記入することにより、より明確に示
すことができる。F2 を横軸に、F1 を縦軸にとることにより、舌の相対的
位置を示す母音のチャートにほぼ類似するものを提示することができる。

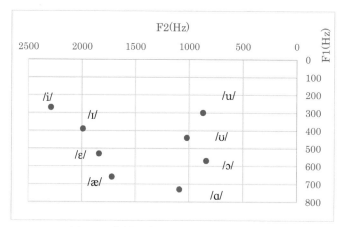

図 8.5 米語母音のフォルマント配置図

(Peterson & Barney, 1952)

8. 4 基本周波数

母音に関係する他の音響的特徴として基本周波数（fundamental frequency=F0）があり、母音の舌の動きに密接に関連していることが知られている。一般に高舌母音では F0 は高く、反対に低舌母音では低いことが知られている。これらの周波数については、幾人かの研究者により調べられており、米語の 3 母音 /i, a, u/ については、次のように示される。

	/i/	/a/	/u/	
House and Fairbanks (1953)	127.9	118.0	129.8	Hz
Lehiste and Peterson (1961)	129	120	134	

舌の高さと F0 との関係については、幾つかの仮説が出されており、生理的、音響的に検討されている。生理的な考察に基づく仮説では、高舌母音では低舌母音に比べて舌の位置が引っ張られ、それに応じて喉頭の筋肉も引かれ、その結果 F0 が上昇するものと考えられる。次に、音響的な考察に基づく仮説では、高舌母音のように第 1 フォルマント周波数が低く、基本周波数に近い場合、相乗的に作用する連携効果 (coupling effect) によっ

てその周波数が高くなると考える。

　母音の音響的特徴と調音器官の形状変化との関係を述べてきたが、注意しなければならないのは、形状の変化と音響上の特徴との間には一対一の関係にあるとは限らないということである。母音の調音方法は 1 つの方法のみではなく、幾つかの方法があり、話し手は音響的に同一の音声を作り出すため、幾つかのメカニズムを組み合わせていると言える。例えば、唇の円唇化がフォルマント周波数の低下に影響するが、同じ現象は喉頭を下げることによっても得られる。つまり、声道の長さは唇を円唇化するかまたは喉頭を下げるかによって長くなり、類似の音響上の効果を作り出すことができる。さらに、F1 周波数の変化について、舌の高さと咽頭の拡がりとの間には相関関係があることも知られている。これは、舌の位置が高くなれば咽頭の拡がりは大きくなることによると考えられる。こうした関係は、調音において、ある器官の形状変化が妨げられる場合、他の器官の変化によって同一の音声を作り出そうとする動きと関係しており、「調音上の代償」(articulatory compensation) と呼ばれる。具体的な例として、フランス語の母音 [y] の調音において、唇の円唇化が何らかの理由で妨げられる場合、喉頭を下げることによって、同じ音響的特徴が作り出される代償効果が働くと考えられる (Riordan, 1977)。

8. 5　子音の音響的特徴

　子音の音響的特徴は、母音のそれよりもかなり複雑であり、多くの場合その影響は隣接する音声環境に現れる。子音の調音は、音源の状態、声道の形状およびその動きの速度などが母音の場合とかなり異なっており、複雑な音響上の特徴を示す。基本的には声道内におけるせばめと気流の状態、さらに鼻音の場合には鼻腔を加えた状態により特徴づけられる。子音の中で /w, j/ などのわたり音（接近音）は母音の特徴に類似しているが、他の多くの子音は複雑な特徴を示す。コンピュータによる音声分析において、母音と子音を大別することは容易に行うことができるが、子音間の弁別は相対的に難しい。子音の音響的特徴は、単語内における位置よって、また前後の音声環境によっても影響を受ける。一般的に音声の音響的特徴

は、閉鎖部（静止部）、破裂部および後続する母音の変移部に現われ、こ
れらの部分に急激な調音上の変化が反映される。

　先ず、子音の調音点に関する特徴については、破裂部および後続する母
音のフォルマント・パターンに現れることが理解されている。Halle, et al.
(1957) は、英語の 6 つの子音 /p, t, k, b, d, g/ と 5 つの母音 /i, ɪ, ʌ, ɑ, u/ の組
み合わせを語頭に含む単語のスペクトログラムを検討し、各調音点を特徴
づける破裂部の位置について調べ、次のように述べてる。両唇音 /p, b/ で
は、音響エネルギーは相対的に低周波領域（500-1500 Hz）に分布し、歯
茎音 /t, d/ では主に高周波領域（4000 Hz 以上）に分布する。また軟口蓋音
/k, g/ では、音響エネルギーは中間周波数領域（1500-4000 Hz）に分布す
ることが指摘されている。音響エネルギーの集中する領域は各調音点に特
性的なものであり、後続する音声の影響は少ないと考えられる。
Blumstein and Stevens (1980) は閉鎖子音の開始部の 25-30 ms の極めて短い
時間の中に後続する母音の種類にかかわらず、各調音点を特徴づける一定
の要因が含まれていることを指摘している。換言すれば、破裂部に含まれ
る調音点についての特徴は前後の脈絡によって影響されず、一定の特徴が
あることを示している。

　次に、隣接する母音のフォルマント・パターンの変移については、子音
が語頭か語尾の位置にくるかにより、また母音の種類により異なったパ
ターンを示す。このフォルマント・パターンは、その時間的な変化を示す
もので、子音の識別に大きな役割を担っている。CV 音節において母音が
[a] である場合、図 8.6 のようなパターンを示す。F2, F3 のフォルマント・
パターンに特徴が現れ、F2 は [p] では上昇、[t] ではほぼ水平、[k] では
F2, F3 の接近パターンを示す。ただし、後続する母音によっては、同じパ
ターンを示すことがある。たとえば、[ko] と [po] は類似のパターンを示
すことが知られており、後続する母音との関わりに注意する必要がある。

　子音の調音法に関する特徴は、調音における気流の状態を反映して、音
響エネルギーが集中する周波数帯、閉鎖部（静止部）、摩擦部の持続時間
および後続する母音のフォルマント・パターンなどに現れる。閉鎖音は、
全周波数領域にわたり音響エネルギーの分布が見られない"空白"部分が
あり、空気の流れが完全に閉鎖されていることを示す。閉鎖音が語中にく

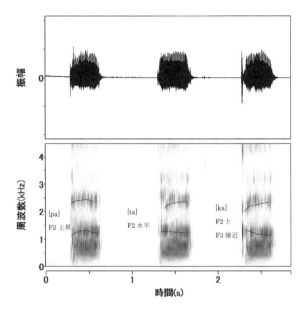

図 8.6　日本語 [pa ta ka] の波形とフォルマント・パターン

る場合には、/p, t, k/ の間で静止部の長さに差があることが知られており、通常、両唇音の閉鎖部は軟口蓋音のそれよりも長い。さらに、閉鎖音に特徴的なことは、閉鎖（静止部）の直後に破裂部がみられ、口腔内での急激な気流の解放による流出があり、調音点の違いにより特定の周波数領域への音響エネルギーの分布が見られる。

　摩擦音は、スペクトログラム上では特徴的な摩擦ノイズが周波数の広い範囲に存在しており、他の子音グループから弁別することは容易である。問題は同一グループ内での弁別はかなり難しく、通常、音響エネルギーの分布する周波数領域とその相対的な強さによって各摩擦音を弁別している。摩擦音の音源は、必ずしも声門にあるとは限らず、声道内のせばめそのものが摩擦性の音源となり、せばめによって分けられた共鳴部分の特性が音響エネルギーの分布に現れる。Strevens (1960) は、摩擦音のグループを音響エネルギー分布領域および相対的な強さにより、次のように分類している。

表8.2　摩擦音の音響的特徴

	分布範囲	強さ
/ϕ, f, θ/	5000–6000 Hz	弱い
/s, ʃ, ç/	3000–4000 Hz	強い
/x, χ, h/	4000–5500 Hz	中間的な強さ

　英語の摩擦音 /s, ʃ, f, θ/ については、さらに Behrens & Blumstein (1988) によって述べられており、主に持続時間、強さおよびスペクトル・ピークの分布について、次のように述べている。

表8.3　摩擦音の音響的特徴

	持続時間	強さ	スペクトル・ピーク
/ f, θ/	短い	弱い	1.5–8 kHz 平坦に分布
/ s, ʃ/	長い	強い	/s/ 3.5–5 kHz
			/ʃ/ 2.5–3.5 kHz

　破擦音は、摩擦音と同じような摩擦ノイズを示すが、閉鎖を伴うため、スペクトログラム上に静止部と破裂部が現れ、摩擦ノイズの時間も通常の摩擦音に比べて短い。

　鼻音 /m, n, ŋ/ の音響的特徴は、基本的には母音のそれによく類似している。ただ異なる点は鼻腔に空気が流れ込み、その鼻腔の共鳴特性が現れることである。鼻音の音響特徴に関する研究は、Fujimura (1962) などがあり、スペクトログラム上の特徴として、(1) F1 が非常に低い周波数領域に存在する、(2) 比較的高いフォルマント周波数ダンピング要因（減衰要因）、(3) 反共振 (antiresonance) の存在を挙げている。鼻音の各調音点に関する音響情報は、反共振の位置に基づいて分離することが可能であるが、より一般的に行われている方法は、隣接する母音のフォルマントの軌道変移を検討することにより各調音点を弁別している。たとえば、両唇鼻音 [m] の前にくる母音の F2 と F3 は下降現象を示し、また軟口蓋鼻音 [ŋ] の前にくる母音の F2 と F3 は互いに近接する傾向があることが知られて

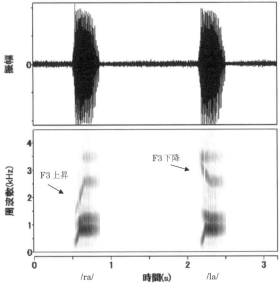

図 8.7　/r-l/ の波形とスペクトログラム

いる。

　母音の鼻音化については、鼻腔への気流の流入による反共振の存在が明
らかにされており、母音のフォルマント周波数について興味深い幾つかの
報告が成されている。鼻音化は母音＋鼻音の連鎖において母音が鼻音化さ
れる現象で、音韻変化として VN → ṼN → Ṽ の変化が述べられている。
こうした現象においてよく取り上げられるのは、鼻音化された母音の舌の
位置に関する現象であり、実際の言語データに基づいて下降および上昇す
る場合の双方の例が検討の対象になっている。

　流音については、母音と子音の中間的な特質を反映して、母音に類似す
るフォルマントの定常部、および子音に類似するフォルマント・パターン
の急激な変移を示す。とくに英語の [r] と [l] の弁別には、F3 のパターン
が大きく関与することが知られている。図 8.7 に示されているように、[r]
の F3 は上昇パターンを示し、他方、[l] では下降パターンを示す。

第9章　日英語の閉鎖子音：発声タイプについて

第9章　日英語の閉鎖子音：発声タイプについて

9. 1　閉鎖子音について

　閉鎖子音は、口腔内において気流が完全に遮断されることにより調音されるもので、言語の基本的な音声単位である。英語と日本語の閉鎖子音について、発音面、音響面および知覚面で調べられており、かなりの特徴が明らかにされている。こうした知見は、音声認識とか外国語教育などの分野において応用されており、それらの分野の発展に貢献していると言える。外国語学習における閉鎖子音の取り扱いは、ほぼ同一の音声記号で表記されていることから、自国語との比較で述べられることが多い。

　主要な閉鎖子音としては、多くの言語において6子音 /p - b, t - d, k - g/ が挙げられ、閉鎖音の音声範疇としては各調音点に関わるもの、有声性・無声性および帯気性・無気性などを考えることができる。英語では音節形成において語頭、語中および語末に現れ、分節素の中で聞こえ (sonority) の大きさは極めて低いことが理解されている。[1] これら6子音は多くの言語において代表的なものであり、言語により同一の音声記号で表されていても、その音声的特質はかなり異なることが指摘されている。例えば、異音上の変化について言えば、英語の無声子音 /p, t, k/ は語頭で帯気化するのに対し、日本語では英語ほど顕著ではない。また、英語の有声閉鎖音 /b, d, g/ は語頭ではほぼ無声閉鎖音に近い形式になることが知られているが、日本語ではそうしたことは多くの場合みられない。外国語学習の場合には、こうした相違に注意を払いながら、学習に努めなければならない。

9. 2　語頭における閉鎖子音

　日英語における語頭の閉鎖子音について、幾人かの研究者により調べられており、先行研究として英語では Lisker and Abramson (1964)、日本語で

は Shimizu (1996) などがあり、それぞれの調音点とか有声性・無声性についての主要な特徴が明らかにされている。主要な閉鎖子音である /p - b, t - d, k - g/ は、[-voice], [+voice] の対立とされるが、同一記号で表記されてもその音声的な特徴については、二言語間でかなり異なる。調音的には、語頭の閉鎖音は、口腔内において調音器官が完全に閉鎖され、それに伴い口腔内圧力が高くなり、その後破裂し、声門を呼気流が流れることにより調音される。口腔内の閉鎖、気流の動き、声門上下圧、破裂のタイミングおよび声帯振動の状態などの要因が極めて重要であり、それらの微妙な動きがさまざまな音響上の特徴となって現れる。語頭にくる閉鎖子音の音声的特徴としては、以下のように述べることができる。

1) 　声帯振動の開始時間 (Voice Onset Time=VOT)
2) 　後続する母音の基本周波数
3) 　後続する母音の基本周波数パターン
4) 　強さ

　上記以外に、第 1 フォルマント (F1) の開始周波数などがあるが、ここでは声帯振動の開始時間 (VOT) を中心に考察する。声帯振動の開始時間は、閉鎖を行っている調音器官の解放から声帯振動の始まるまでの 1 つの時間的尺度であり、閉鎖子音の有声性・無声性を特徴づける主要なものと考えられている。VOT を中心とする研究は、多くの言語で行われており、その時間的尺度により有声音、無声無気音および無声帯気音の 3 範疇に分割することが可能であることが明らかにされている。[2] 英語の有声音では、破裂前またはその直後の 2 つの VOT 値の領域があり、母語話者の間でかなり変異があることが明らかにされており、性別、年齢および地域差などが影響することが考えられる。日英語の VOT については、清水 (1999) の研究があり、両言語の閉鎖音の VOT の平均値は表 9.1 のように示される。[3]

　表 9.1 より、有声閉鎖音 /b, d, g/ では、ほぼ日英語の間で類似しているが、無声閉鎖音 /p, t, k/ では英語の VOT 値が極めて高く、英語の無声閉鎖音は語頭の帯気性が強いことが明らかになる。日英語の無声閉鎖音の VOT 値について、こうした差が存在することは、英語学習において語頭にくる無声閉鎖音に関して、意識的に呼気を強く発音しなければならない

表9.1　日英語の VOT の平均値と標準偏差（括弧）(ms)

	日本語	英語
/p/	41(17.1)	68(15.3)
/t/	30(12.7)	82(18.6)
/k/	66(12.1)	85(20.1)
/b/	−89(28.5)	−88(18.1)
/d/	−75(32.7)	−74(28.0)
/g/	−75(27.0)	−89(14.4)

ことを示している。一般の音声学習書の中で、語頭にくる有声・無声閉鎖音について、声帯振動の有無で説明することが多いが、現実の発音指導では出気を強くし、VOT 値を高くすることが弁別に有用であると言える。

1a. Do you have the time?　[tʰ]　　　　1b. Do you have the dime?　　　[d]
2a. We should go pack.　[pʰ]　　　　2b. We should go back.　　　　　[b]
3a. Her curls are cute and lovely. [kʰ]　3b. Her girls are cute and lovely.　[g]

　例えば、例文 1ab.〜3ab. において、下線部は有声性・無声性の違いとなっているが、こうした相違は帯気性の有無として学習者に提示する方がより適切と言える。帯気音の指導において、学習書では口の前で持った紙をゆり動かすように呼気を強く出すように指導しているものが多いが、実際にはよりリラックスし、破裂を伴うようにして発音することにより達成される。例えば、a pie, a tie, a key などでは呼吸を長くし、帯気性を意識することにより、有声性・無声性の対立を示すことができる。英語の閉鎖音について、帯気性であるか無気性であるかは、音素弁別に関与しないが、発音面と聴き取り面において極めて重要な意義を有していると言える。
　日本人による英語学習と VOT 値の関係について、幾つかの調査が報告されているが、清水（2008）は、大学生の英語学習における VOT 値を調べている。中級の英語能力を有す大学生の日本語および学習言語である英

語の VOT 値を調べた結果、無声閉鎖音 /p, t, k/ では学習者は英語の VOT
値に近づけるように発音していることが明らかになった。換言すれば、母
語である日本語の VOT 値は 30-60 ms で中程度の帯気性を示したが、学習
している英語ではその値が約 10 ms 程度高くなり、学習者が英語の帯気性
を意識して発音していることが伺えた。

　次に、子音の有声性・無声性の差は、VOT 値のみならず後続する母音
の基本周波数（F0）とそのパターンに影響を与えることが知られている。
一般的に無声子音の後にくる母音の開始周波数は有声子音の後にくるより
も高い数値を示し、さらに開始直後の F0 パターンは無声子音では下降調
に、有声子音では上昇調になることが知られている。こうした子音の F0
への影響については、一般に声帯を形成する内部喉頭筋肉の緊張度と声帯
を通過する気流の状態という 2 つの要因からの考えが出されている。喉頭
筋肉の緊張度については、有声音・無声音の調音で差があり、隣接する母
音の F0 に影響を及ぼすと考えられている。他方、気流の状態による考え
では、有声音・無声音の間で口腔内の気流および声門上下の圧力差が異な
るところより隣接する母音の F0 に影響すると考える。語頭にくる子音の
有声性・無声性について、VOT および基本周波数への影響を述べてきた
が、その他の要因も関与することが知られており、例えば、第 1 フォルマ
ントの開始周波数、スペクトル分析、呼気流の強さなどに差が現れること
が知られている。[4)]

9. 3　語中における閉鎖子音 /t-d/

　英語の閉鎖子音は、語頭のほか語中および語末で生じ、種々変化するこ
とが知られている。語中にくる閉鎖子音は、調音的には直前の音声に続い
て口腔内で閉鎖があり、それに伴い口腔内圧力は高くなり、その後、破裂
して気流が流出することになる。このため、語中では閉鎖の時間が非常に
重要となり、一般的には無声性では長く、有声性では短くなることが指摘
されている。[5)] 特に、英語閉鎖子音 /t-d/ は語中ではふるえ音の [ɾ] になる
ことがあり、米語を特徴づける現象として音響的に詳しく調べられてい
る。Zue and Laferriere (1979) は、語中にくる米語 /t, d/ の特徴を詳しく調
べ、舌先の歯茎への極めて短時間の接触であり、接触時間について、/t/

では 26 ms、/d/ では 27 ms であることを明らかにしている。[6] 舌先は、顫動的（せんどうてき）な動きをし、その極めて速い上下運動と考えることができる。こうした現象は米語を特徴づけるものとして知られているが、日本人学習者の英語では、ほとんどふるえ音化はみられない。松浦・清水 (2002) は、日本人・米人の英文中における /t-d/ の閉鎖の長さを測定しており、その結果は表 9.2 のように示される。表中の英単語を英文に入れ、読む速度を normal, slow, fast の 3 タイプにし、下線部の閉鎖の長さを測定した。

　表 9.2 より、日本語母語話者では発話の速さは閉鎖の時間にはあまり影響せず、/t/ の閉鎖時間は /d/ よりかなり長くなっている。これに対し、米

表 9.2　日本人・米人の英語 /t-d/ の閉鎖の長さの平均値 (ms)

		日本語母語話者			米語母語話者		
		normal	slow	fast	normal	slow	fast
/t/	latter	64	66	46	15	25	17
	meeting	83	86	75	19	27	23
	shutters	89	88	85	22	43	23
	motor	66	73	69	16	30	16
	writer	72	77	56	22	28	21
	平均値	75	78	66	19	31	20
/d/	ladder	42	46	44	14	23	15
	weedy	49	50	39	24	30	21
	shudders	50	54	54	25	32	33
	odor	52	54	45	20	28	20
	rider	54	59	46	28	30	26
	平均値	49	53	48	22	29	33

（松浦・清水, 2002）

語母語話者では発話の速さにより閉鎖時間は変わり、さらに、/t/ と /d/ の間では normal, slow の速度では差がないことが明らかになっている。日本人英語学習者が英語 /t-d/ を発音する場合には、かなり速度を上げてもふるえ音になっておらず、このため米語に近い発音を目標とする場合には、意識的にふるえ音化に注意することが求められる。日本人英語学習者は、日本語の /t-d/ でもって英語のそれらを発音していることが考えられ、母語からの音声による移入と考えられる。ただ、/t-d/ のふるえ音化は米語の特色であるが、必ず習得しなければならない特徴とは言えない。学習者は、/t-d/ のこうした変化を意識し、どのような音声環境でこうした変化が生じるのかについて、留意しなければならない。例えば、次のような例文において、学習者はふるえ音化がどの /t-d/ で生じるのかについて、理解することが望まれる。

　Once upon a time there was a woman who wanted a little tiny child of her own, but she didn't know how to set about finding one. So off she went to an old witch and said to her, "I would so much like to have a little child! Couldn't you tell me where to get one?"

　　　　　　(Lewis, N. (1988) *Hans Andersen's Fairly Tales*, Penguin Books, p.20)

　学習上の要点として、英語学習者は上記英文を読む場合、下線部の /t-d/ はふるえ音になることがあり、こうした現象に留意する必要がある。

9. 4　語末における閉鎖子音

　英語の閉鎖子音は、語末でも生じ、破裂の有無、有声性・無声性などにより音声的に異なって現れる。語末の閉鎖子音は、舌による閉鎖が生じ、その後口腔内の圧力は高くなり、破裂が生じるが、破裂を伴わず無破裂のまま現れることもある。閉鎖子音の有声性・無声性の相違は、直前にくる母音の長さに現れ、一般的に有声子音の前にくる母音は無声子音の前にくるよりも長くなることが知られている。こうした現象は、普遍的なものであることが知られており、日本語でもみられる。[7]

表 9.3　日本人英語学習者による閉鎖子音前の母音の長さ (ms)
　　　　と標準偏差値（括弧）

英単語	母音	無声子音前	有声子音前	差
beat–bead	/i/	192(32)	205(42)	13
bit–bid	/ɪ/	115(31)	132(36)	17
bait–bade	/eɪ/	187(33)	212(41)	25
bet–bed	/ɛ/	136(28)	158(34)	22
boot–booed	/u/	197(35)	217(45)	20
boat–bode	/oʊ/	202(42)	225(35)	23
but–bud	/ʌ/	128(19)	163(32)	35
leaf–leave	/i/	231(34)	246(50)	15
平均値		173	195	

　何故有声子音の前にくる母音の長さが長くなるかについて、生理学的に
も調べられており、Umeda (1975) は有声摩擦音の場合に最も長く、また
反対に無声閉鎖音で最も短くなることを明らかにしている。日本人学習者
による語末閉鎖子音の前にくる母音の長さについて、Shimizu (1985) にお
いて詳細に検討されており、測定の結果は表 9.3 のように示すことができ
る。有声子音の前にくる母音の長さは無声子音の場合よりも長く、母音別
にみると、/ʌ/ が最も差があり、他方、高舌母音の /i/ ではあまり差がでな
いことが明らかになっている。ただ、Umeda (1975) における米語の話者
では、閉鎖子音の前にくる母音の長さは、語末子音の有声性・無声性でか
なりの差が出ており、英語学習者はこうした点に注意を払わなければなら
ない。
　語末にくる子音の有声性・無声性については、知覚実験においても調べ
られており、一般に _VC# の環境で子音の要因である C（子音）を物理的
に取り除いても C の有声性・無声性を判断することができると言われて
いる。[8) こうした点より、語末にくる有声性・無声性の発音を学習する場
合には、その対立に関し直前にくる母音の長短を用いて指導するほうが適

切であると言える。例えば、次のような例を見てみよう。

beat [bit]	-	bead [bid]
dock [dɑk]	-	dog [dɔg]
think [θɪŋk]	-	thing [θɪŋ]

　上例では、語末の有声性・無声性の相違を声帯振動の違いで表わそうとするのは容易ではなく、学習者は母音を長くするか否かで語末の有声性・無声性を示す方がより効果的であると考えられる。語末が無声子音である場合は母音を短く、他方、有声音である場合は母音を長く発音することにより、語末にくる子音の有声性・無声性の弁別は可能になる。このように、音響分析による音声的な知見により、音声指導を裏付けることが可能となる。

　上記との関連において、語末にくる子音の有声性・無声性を知覚面において判断する場合、どのような情報が重要な要因として機能するであろうか。一般的に VC#（V＝母音、C＝子音、＃＝語境界）の C を物理的に取り除いた場合でも C の有声性・無声性を判断することができると言われている。これに関連し、Wolf (1978) は /_g#/ と /_k#/ を録音し、スペクトログラム上において後方より物理的に漸次切り取っていき、有声性・無声性の識別実験を行った。2 つの発話における音響上の差は、次のように述べることができる。

　1）有声音の前にくる母音の長さは、無声音の前にくるより長い。
　2）有声音の前にくる母音の F1 周波数は、無声音の前にくるより低い。
　3）閉鎖の長さは、有声音のほうが短い。
　4）有声音では、閉鎖の間に声帯振動が見られる。
　5）有声音では、破裂と出気の間に声帯振動が見られる。

　識別実験の結果、1）後方からの切り取り部分が長いほど無声音の識別率が高く、切り取り部分が少ない（短い）ほど有声音の識別率が高くなる、2）フォルマントの変移分が含まれているほうが有声性・無声性の識別率が高くなる、3）無声音の識別ではフォルマントの変移および破裂部の存在が識別率を高める、ことが明らかにされている。

　日英語の閉鎖子音について、語頭、語中および語末における有声性・無

声性を中心に音響的特徴を述べ、学習上配慮しなければならない点を検討してきた。語頭の位置での有声性・無声性の弁別は、声帯振動の有無ではなく、帯気の有無を重視し発音することがより適切であると言える。次に、語中の閉鎖子音では歯茎音 /t-d/ のふるえ音化を検討し、米語ではかなり高い割合でふるえ音化するのに対し、日本人英語学習者の場合は話す速度がかなり増してもふるえ音化しないことが明らかになった。ふるえ音化そのものは、米語を特徴づける現象であり、習得の必要性が高いものではないが、学習者はどの単語内における /t-d/ がふるえ音化するのかに留意しなければならない。さらに、語末の閉鎖子音について、主に母音の長さを検討し、有声子音の前にくる母音は無声子音の前にくるものよりも時間的に長くなることを明らかにした。こうした点より、語末の子音の有声性・無声性はその直前にくる母音の長さに現れ、それらでもって有声性・無声性が決められていると言える。

　閉鎖子音の単語内における特徴を検討し、有声性・無声性をそのまま発音に反映しようとするよりも、それに伴って生ずる特徴に注意しなければならないことが明らかになった。こうした知見は、音響音声分析を行うことにより明らかとなり、音声学研究における多くの知見を今後外国語学習に応用することが望まれる。

注

1)　声の大きさを指し、一般的に母音は子音よりも大きく、有声子音は無声子音よりも大きい。

2)　Lisker and Abramson (1964: 403) では、11 言語における閉鎖子音の VOT 値を調べ、有声音は $-125 - -75$ ms, 無声無気音は $0 - +25$ ms, 無声帯気音は $+60 - +100$ ms の各範囲に分布することを明らかにしている。

3)　清水克正 (1999)「日英語における閉鎖子音の有声性・無声性の音声的特徴」を参照。本論において、日英語における閉鎖子音の VOT 値、F0 値とそのパターンおよび母音の影響などを詳述している。

4)　スペクトル分析は、音響分析において周波数成分の分析を行うもので、通常、横軸に周波数、縦軸に強さ (dB) をとり、強さの比較を行うことを示す。

5)　英語の /t-d/ が語中においてふるえ音化することについて、Umeda (1977)

"Consonant duration in American English" を参照。 ふるえ音化は、音声的・音韻論的に詳しく検討されており、/t-d/ が母音間にきて、後続する母音が無強勢の場合に生ずることが多い。

6)　Zue, V.W. and Laferriere, M., (1979) "Acoustic study of medial /t d/ in American English" p.1044 を参照。

7)　Mitlef, F. M.(1984) "Vowel length contrast in Arabic and English: a spectrographic test" を参照。

8)　Raphael (1975) "The physiological control of durational differences between vowels preceding voiced and voiceless consonants in English" を参照。

第 10 章　英語の流音 /r-l/

第 10 章　英語の流音 /r-l/

10．1　英語 /r-l/ について

　日本人英語学習者にとって、英語の /r-l/ の発音と識別が難しいことは
よく知られており、音声指導において必ず取り上げられる。/r-l/ の音声的
な特徴は多くの文献を通して明らかにされているが、聴き取りテストを
行ってみると多くの学習者が問題を抱えていることがわかる。英語の /r-l/
は、一般的に流音 (liquids) と言われ、その特徴は母音と子音の中間的なも
のであることが知られており、本章ではそうした特徴について、発音と聴
き取りの面から考察する。

10．2　/r-l/ の音声的特徴

　英語の /r-l/ について、今までに数多くの研究がなされており、調音と
聴き取りの面において、その特徴が明らかにされている。調音面におい
て、一般的に /r/ は硬口蓋歯茎半母音、/l/ は歯茎側音と称され、2 つとも
歯茎が関わる音声である。留意すべき点は、/r/ は舌先による歯茎への接
触はなく、また唇に丸みを伴うのに対し、/l/ は舌先が歯茎に接触する側
音 (Lateral) であり、2 つは基本的に異なる。前節で述べたように、/l/ に
ついては、聴覚的な印象に基づき明るい /l/[l] と暗い /l/[ɫ] の違いがあり、前
者では life, leather などのように /l/ が母音の前に、後者では peel, steal など
のように母音の後にきて、後舌面が上昇することが知られている。さら
に、/r-l/ には音響的な特徴にも差があり、主要な相違は第 3 フォルマント
の推移パターンであることが示されている。こうした特徴に基づき、各種
の聴き取りテストが実施され、興味深い知見が明らかにされている。学習
では、英語において /r-l/ の 2 つの音素があるのに対し、日本語ではラ行
音のみであり、日本人英語学習者は英語 /r-l/ を日本語のラ行音と同一視

し、発音と聴き取りで問題を呈することが知られている。特に学習者が注意しなければならない点は、これらは日本語のラ行音に対応するものではないことである。日本語のラ行音は音声的には有声歯茎弾音とされ、歯茎への非常に短い接触でもって発音される。

　英語の /r-l/ と日本語のラ行音に関する研究には Price (1981) があり、調音的、音響的な考察を行っている。この中で、Price は日本語のラ行音について、米人に対し聴き取りテストを行い、日本語のラ行音 /r/ は知覚的には米語の流音である /r-l/ よりもむしろ英語 /t-d/ のふるえ音に近いことを実証的に示している。こうした結果を踏まえ、英語の /r-l/ について、日本人英語学習者に聴き取りテストを行い、如何に聴き取りを行っているかについて、考察を行う。

10. 3　/r-l/ の聴き取り

　英語 /r-l/ について、最小対立をなす 50 組の単語 (例 right-light) と /r/, /l/ を含む擬似単語を用意し、英語文脈 I said the word (　　). に入れ、聴き取りテストを実施した。結果は、表 10.1 のように示される。

　表 10.1 より /r-l/ の識別率は、/r/ の方が少し高い割合を示し、識別されやすいことを示している。前後にくる音声環境によっても識別率は変化し、後舌母音 /u/ の後にくる場合は聴き取りが難しくなることが考えられる。

　次に、/r-l/ の識別について、合成音による聴き取りテストの結果を考察する。合成音による聴き取りテストは、個々の音響上の要因が聴き取りに如何に影響するかを調べるために盛んに行われており、/r-l/ の弁別にも重要な役割をもつ音響的特徴が調査されている。一般的に /r-l/ の弁別に関係する音響的要因は第 2 フォルマント (F2) と第 3 フォルマント (F3) であり、特に F3 のパターンが関与していることが知られている。F3 のパターンについて、/l/ は高周波領域からの下降を示し、他方、/r/ は低周波領域からの上昇を示している。こうした考察より、/r-l/ の発音で見られる調音上の差は第 3 フォルマントの変移パターンに現れるということが言える。ただ、F3 が唯一の特徴であるかというと必ずしもそうではなく、F2 のパターンも関与していることが知られている。

表 10.1　音声環境における /r-l/ の識別率

語頭	/r/		/l/	
	単語	正答率(%)	単語	正答率(%)
	ro	90.9	lay	81.8
	right	81.1	law	81.8
	rock	79.2	lend	77.3
	wrong	79.2	li	72.7
	ru	68.2	loom	70.5
語末	tower	97.7	still	88.6
	secure	84.1	till	81.8
			peel	68.2
			el	61.4
			ul	59.1
			ol	54.5
			pool	50.5
母音間	horror	90.9	allay	81.8
	terror	81.8	ulu	79.5
	sorrow	81.8	healer	61.4
	hearing	52.3	ele	61.4
	ara	47.4	pilot	43.2
	oro	29.5	alone	38.6
子音連鎖	sprinter	65.9	play	65.9
	brink	63.6	bleech	56.8

　こうした /r-l/ の音響上の差を踏まえ、Shimizu and Dantsuji (1983) では F2, F3 の開始周波数の間隔を均等に変化させ、/ra/-/la/ の刺激音の連続体を作成した。刺激音の作成は、米国ハスキンス研究所の OVEIII synthesizer を用いて合成した。10 個の合成音の構成は、図 10.1 に示す。

　聴き取りテストの参加者は、米人 7 名、日本人英語学習者 23 名で、すべて学生である。2 種類の聴き取りテスト、識別テストと弁別テストを実施し、識別テストでは、参加者に刺激音を聞かせ /r/ であるか /l/ であるか

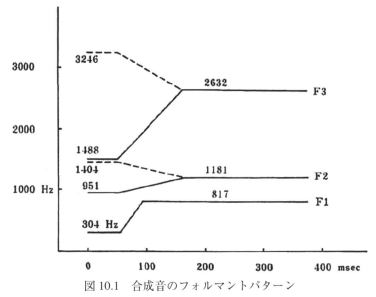

図 10.1　　合成音のフォルマントパターン
（F2, F3 の開始周波数を 10 個に均等にした刺激音）

　の判断を求め、他方、弁別テストでは 2 種類の刺激音を 3 個連続体として
参加者に聞かせ、いずれの刺激音が他の 2 つと異なるかを求めたものであ
る。例えば、1 番と 4 番という刺激音セットでは、1 と 4 の 2 つの刺激音
を 1-1-4, 4-1-1, 1-4-1, 4-4-1, 1-4-4, 4-1-4 のような組合せで与え、何番目
の刺激音が他の 2 つと異なるかの判断を求めたものである。このテストで
は、セットを構成する刺激音の音響的特徴が類似している場合には学習者
にとって弁別し難く、また学習者は 3 つの刺激音を記憶する必要があり、
与えられる刺激音の間隔時間により弁別率は影響を受ける。通常、識別テ
ストにおける /r-l/ の境界付近の刺激音がセットを構成する場合には弁別
率は高く、同一の音素範疇に属する刺激音がセットを構成する場合には低
くなる。
　図 10.2 は米人、日本人学習者の識別テストの結果を示している。識別
テストでは、米人の学習者は刺激音 1-5 までを完全に /ra/ と判断し、また
刺激音 9, 10 を高い割合で /la/ と判断している。/r/ と /l/ の境界は刺激音 6

と 7 の間にあり、この付近の刺激音の識別率の急激な変化を示している。
つまり、刺激音 1-5 までは音響的な特徴が徐々に変化しているにも関わら
ずこれら全てを /ra/ と判断し、明確に音素としての範疇的な知覚様式を示
している。他方、日本人英語学習者の場合にはこのような急激な識別率の
変化は見られず、刺激音 1-3 を 60〜70 ％の割合で /ra/ と識別し、他方、
刺激音 8-10 をほぼ同じ割合で /la/ と識別し、刺激音の変化に応じて識別
率が変化している。米人の場合には音素としての範疇判断がなされる限
り、各刺激音間の音響上の差は無視されているのに対し、日本人では各刺
激音間の音響上の差に基づいて比較判断を行っており、連続的な知覚様式
を示している。こうした識別テストの結果は、図 10.3 の弁別テストの結
果にも反映されており、識別境界が存在すると考えられる刺激音 6-8 の間
の刺激音セットでは高い弁別率を示している。つまり、刺激音 6 と 8 は米
人にとっては、別個の音素であり、これらの弁別テストでは高い回答率を
示すが、刺激音 1 と 4 では同じ音素に属すると判断され、弁別率は低くな
る。他方、日本人学習者では緩やかな弁別率であり、刺激音の弁別が容易
でないことを示している。換言すれば、日本人学習者は r-l の刺激音を識
別していないことを示している。

　日本人と米人による /r-l/ の知覚様式に差が存在していることが明らか
になったが、これは /r-l/ の音素対立が学習者の母国語に存在しているか
否かにより当然予測される。学習者の言語習慣の中に /r/ と /l/ の音素対立
が存在する場合には範疇的に知覚され、他方、そうでない場合には音響的
特徴の比較判断に基づく連続的な知覚を行うものと考えられる。同一の音
素に属すると判断される限り、音響的特徴が均等にまた連続的に変化して
も、こうした変化は言語学的に意義を持たない。こうした知覚様式は、音
声言語の認識を考える上で重要な意義を持ち、刺激音を識別できるという
ことと弁別できるということの差に注意する必要がある。おそらく、米人
は刺激音 1 と 2 の弁別はできるであろうが、識別という点からはなんら差
を見いださない。これは、特定の言語環境の中における言語音の知覚につ
いて、人間の耳は範疇的な様式を中心に判断することを示している。

　英語 /r-l/ の合成音による米人・日本人の聴き取りテストの結果を検討
してきたが、/r-l/ の弁別は生得的にはどのように考えられるのだろうか。

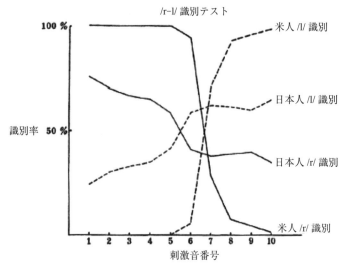

図 10.2　識別テストの結果（縦軸　識別率％、横軸　刺激音番号）

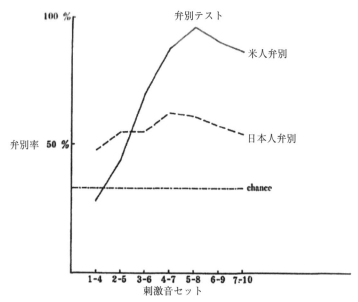

図 10.3　弁別テストの結果（縦軸　弁別率％、横軸　刺激音セット）

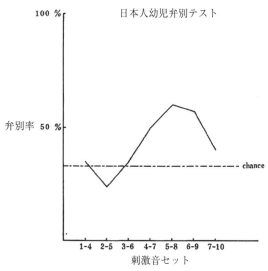

図 10.4　日本人幼児の /r-l/ 弁別テストの結果

　乳児による音声知覚の研究は、有声音－無声音、調音点が関係する弁別テストが行われており、/r-l/ も多大な関心が持たれている。今までに乳児に対して /r-l/ の知覚の研究が行われており、生後数か月の乳児が /r-l/ を範疇的に弁別していることが報告されている。ただ、「範疇的に弁別」と言っても、乳児が音素として弁別していることを示しているのではなく、音響心理上の尺度の上で弁別していることを示していると言える。つまり、生後数か月の乳児は生得的にさまざまな音声の弁別を行う能力を持っていると考えられる。こうした考えを踏まえ、日本人の幼児にも類似の弁別テストを実施してみた。実際の実験では生後数か月の乳児に音声弁別の実験を行うことは容易でなく、5-6 歳の幼児 5 名に対して弁別テストを実施した。刺激音は前述の /r-l/ の合成音であり、成人の学習者に使用したものを用い、弁別の結果は図 10.4 のように示される。

　図 10.4 に示されているように、幼児の弁別率は相対的に低く、/r-l/ の弁別を行っているとは言えない。ただ、成人による弁別テストで刺激音 5-8 の間に /r-l/ の境界があることが考えられ、幼児もその付近で弁別率が上昇している。テストに参加した幼児は、日本語の環境で育ち、英語に接

する環境にはないが、範疇性の傾向を示していることは興味深い現象と言える。どの幼児も /r-l/ の弁別を生得的に行う能力を有していると考えられるが、テストへの参加者が極めて少ないため、こうした考えを裏付けるためにはより多くの参加者を必要とする。

　英語 /r-l/ について、自然音と合成音を用いた識別および弁別テストの結果を検討してきたが、次のようなことが明らかになった。自然音では、/r/ の方が相対的に /l/ に比べて識別されやすいと言える。これは、日本人学習者にとって /r/ は幾つかの音声環境において、より子音性または母音性をもって認識されるのに対し、/l/ は音声環境により明るい /l/、暗い /l/ のように自由変異形を示すことによると考えられる。さらに、合成音による聴き取りテストでは、米国人の学習者がほぼ完全な範疇的知覚の様式を示すのに対し、日本人学習者は連続的知覚の様式を示す。この知覚様式の差は、/r-l/ が特定言語の中において、音素としての機能を有しているか否かにより、対立の存在しない日本語では予測される結果と言える。また、音響上の考察により、/r-l/ の音響的な相違は F2 と F3 の開始周波数の違いであり、調音上の相違がこうした音響上の相違に反映しているものと考えることができる。

10．4　/r-l/ の学習

　日本人にとって困難な /r-l/ を学習するために、学習者はどのような点に注意すべきであろうか。学習の初期では、調音上の相違に注意しながら、/r/ では舌先が歯茎に接触しないよう、他方、/l/ では舌先による歯茎への軽い接触に努めながら練習を行うことが必要である。さらに、聴き取りでは数多くの音声材料にあたり、音響上の微妙な違いに耳を慣らす必要がある。具体的な練習は、シャドーイングなどを積極的にとり入れ、モデルの英語発音と自己発音の時間的な相違などに注意を払うことがもとめられる。発音と聴き取りの訓練は互いに密接に関連づけられており、両方の能力が確実に伸ばせるようにすることが大切である。特に /r/ が語頭に来る場合は、円唇性に注意する必要がある。発音学習でカタカナの使用はあまり推奨できないが、小文字のゥをイメージすることも 1 つの方法である。

　英語の /r-l/ について、調音上および音響上の違い、さらに学習方法を考察してきたが、英語の国際性という観点からも考察する必要がある。英語は今や国際共通語として広く使用されており、学習者の多くの母語の音声は英語とはかなり異なることが考えられる。国際共通語として英語を学ぶ場合、/r-l/ の対立を含め、どのような音声的要因がコミュニケーション能力の向上に役立つのであろうか。英語に存在する多くの音素対立の学習に関し、国際共通語として有用であるか否かを含め、英語学習のあり方を考察することが必要である。

第 11 章　日英語における母音：
音響的特徴と学習

第11章　日英語における母音：音響的特徴と学習

11. 1　母音の学習

　日本人が英語の音声を学習する場合、日英語の対照研究などを通して、その問題点はよく知られている。学習上の問題点は大きく音声単位とその結合に係わるものとリズム、イントネーションなどの韻律上のものとに分けることができる。こうした分け方は、問題点を明確にする上での便宜的なものであり、音声学習上の問題は音声単位および韻律のレベルの両面にわたり関連づけられている。本章では、問題点のひとつである音声単位、特に母音の習得について音響分析を中心に検討を行う。

11. 2　英語母音の学習上の問題

　日本語と英語における母音は、種類と質においてかなり異なっており、その音声的・音響的な特徴は各種の分析を通して明らかにされている(Hirahara & Yamada, 2004; Keating & Huffman, 1984; Nishi, et al. 2008)。音声的特徴は、舌および唇などの動きによる口腔内の形状変化により影響され、舌によるせばめの前後関係および上下関係により、また唇による円唇化（唇の丸み）の有無により変わる。口腔内は一種の音響管と考えられ、舌および唇による口腔形状の変化により、調音上のエネルギーが音響上のエネルギーに変わり、音響上の特徴となって現れる。これらの要因は、相対的なものであり、幾つかの要因が重複して生ずる場合が多い。

　英語母音の学習上の問題は、母音そのものの習得のほかに弱化母音の存在、緊張性・弛緩性の区別および二重母音の観点などから論じられている。特に、英語母音の弱化については、よく文献で取り上げられており、リズムの形成などで重要な機能を有することが知られている (Ueyama, 1999)。弱化は無強勢音節において母音が本来の音価を失い、中高舌・中

央舌母音の schwa[ə] などになることであり、英語母音の大きな特徴としてよく述べられている。こうした母音の弱化は日本語母音には見出されず、英語の音声体系を学ぶ上で留意すべき点となっている。次に、緊張性・弛緩性に関しては、英語では /i, u, ɔ, ɑ, eɪ, aɪ, ɔɪ, aʊ/ は緊張母音、/ɪ, ɛ, æ, ʊ, ə/ などは弛緩母音に分類され、緊張母音は主に長母音および二重母音が対応し、弛緩母音には短母音および弱化母音が対応する。緊張性・弛緩性は、一般的には調音に係わる筋肉の緊張の有無を指すが、音声的な裏付けに乏しい。特に、実際の発音において舌、唇などの緊張を感じることは難しく、こうした用語が適切であるのか否かについて再検討を要する。日本語には、こうした緊張性・弛緩性の区別はなく、日本人学習者にとって、これらは発音学習をさらに難しいものにしている。さらに、留意すべき点として、英語の二重母音がよく取り上げられる。通常、英語の二重母音は 1 つの音節として取り扱われ、日本語に見られる母音の連鎖とは基本的に異なる。英語の bite に見られる [aɪ] は、最初は主音、次にくる音声は副音と言われ、舌の移動の方向を示す。こうした特徴を有する二重母音の学習は両言語の差を理解する上で有意であり、学習上の問題としてよく取り上げられる。

　上記のほか、英語の高舌・後舌母音 /u/ の円唇化など、日本語との比較を通して、よく取り上げられ複雑な様相を呈している。英語の /u/ に対して、日本語の「ウ」は方言によっても異なるが、円唇化が少ない。ここでは、日英両言語における母音の音響・音声学的な相違を踏まえ、実証的な調査に基づき、その問題点と学習モデルに関して考察する。

11. 3　調査の手順

11. 3. 1　参加者

　本調査への参加者は、大学生であり、11 名（男性 5 名、女性 6 名）が参加した。これらの学生は、7 名が英米語を専攻し、4 名は国際文化・日本文化の学科に所属している。このうち米国への長期留学を経験している学生が 2 名おり、他は通常の英語学習歴を有し、参加者 6 名の英語のレベルとしては TOEIC 400 点前後である。留学経験者は、男女で 1 名ずつ参加しており、大学間の協定校への長期留学（10 か月）経験者である。た

だ、長期留学経験者は留学後 TOEIC を受験してなく、点数等は不明である。男性グループの所属学科は（英米留学 1、英米語 2、国際文化 2）であり、他方、女性グループは（英米留学 1、英米 3、日本文化 2）で、2 つのグループでの英語力については概ね同一と考えることができる。

11．3．2　録音資料

　録音資料は、11 個の英語母音を含む単語 33 個、日本語母音を含む単語 5 個であり、英語は Say （　　）again. 日本語は「これは　（　　　）です」の脈絡に入れ、録音は Roland R09HR で行った。英単語には、peat, pit, paid, bed, pat, pot, duct, boss, boat, book, cool など、他方、日本語にはヒラ /i/、ヘラ /e/、ハラ /a/、ホラ /o/、フラ /u/ を含む。

11．3．3　音響分析

　音響分析は、アルカディア社の AcousticCore 8 を用い、サンプリングレートは 44.1 kHz，量子化は 16 ビットで wave file に保存した。それぞれの録音資料について、波形とフォルマントを表示し、母音の定常部のフォルマント（F1, F2）を測定した。分析資料は、英語では 33 個× 11 名、日本語では 5 個× 2 回× 11 名の計 473 個の測定を行った。[1]

11．4　調査の結果

11．4．1　日本人学習者（男性）の分析結果

　母音のフォルマント周波数は、幾つかの要因によって影響され、一般的に声帯の緊張度に比例し、また声道・声帯の長さに逆比例することが知られている。発声器官には個別的な要因があるが、一般的に声道・声帯の長さは性別により異なり、女性の声道の長さは男性に比して 10％程度短く、そのためフォルマント周波数はかなり高くなることが理解されている。[2]このため、本稿では学習者を性別で分け、分析結果を考察する。表 11.1a-c は男性学習者の日本語（L1）、英語（L2）および基準となる英語（米語、男性）のフォルマント周波数平均値を示す。

表 11.1a　日本人学習者（男性）の日本語母音フォルマント周波数平均値 Hz（カッコは標準偏差、N=12）

	F1	SD	F2	SD
イ /i/	369	(72)	1998	(256)
エ /e/	493	(56)	1638	(317)
ア /a/	618	(129)	1240	(60)
オ /o/	433	(47)	1101	(181)
ウ /u/	392	(44)	1369	(236)

表 11.1b　日本人学習者（男性）の英語母音フォルマント周波数平均値 Hz（カッコは標準偏差、N=24）

	F1	SD	F2	SD
/i/	292	(19)	2257	(138)
/ɪ/	328	(36)	2181	(155)
/ɛ/	509	(87)	1973	(178)
/æ/	734	(78)	1614	(347)
/ɑ/	610	(89)	1254	(140)
/ɔ/	515	(71)	1021	(102)
/ʊ/	436	(76)	1588	(215)
/u/	416	(78)	1406	(312)

表 11.1c　基準英語母音（男性）のフォルマント周波数平均値 Hz [3]

	F1	F2
/i/	270	2300
/ɪ/	400	2000
/ɛ/	530	1850
/æ/	660	1700
/ɑ/	730	1100
/ɔ/	570	850
/ʊ/	440	1000
/u/	300	850

　これらの表を母音チャートに組み込むと、図 11.1a, b のように表示され、日本人学習者（男性）の英語習得の状況を把握することができる。

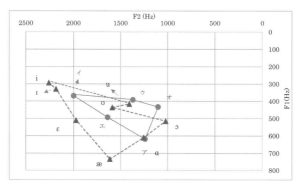

図 11.1a　日本人学習者（男性）の日本語母音・英語母音（実線-日本語母音、点線-L2 英語母音）

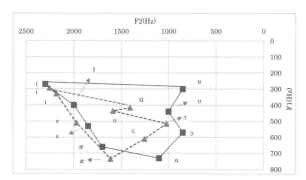

図 11.1b　日本人学習者（男性）の英語母音・基準英語母音（点線-L2 英語母音、実線-基準英語母音）

　図 11.1a, b より、男性学習者の日本語母音（丸印）が母音チャートの内側に位置し、学習言語である英語母音（三角形）がその外側に分布していることがわかる。L2 の前舌母音 /i, ɪ, ɛ, æ/ ではほぼ基準母音（四角）のフォルマントに近似し、音響的にはほぼ米語に近い発音をしている。ただ、後舌母音については、米語の /ɑ/ は日本語ア /a/ と同じであり、/u/ に

ついても日本語ウ /u/ に近似していると言える。

11. 4. 2　日本人学習者（女性）の分析結果

　女性学習者の日本語 (L1)、英語 (L2) および基準となる英語（米語、女性）のフォルマント周波数平均値を表 11.2a-c に示す。

表 11.2a　日本人学習者（女性）の日本語母音フォルマント周波数平均値 Hz（カッコは標準偏差、N=12）

	F1	SD	F2	SD
イ /i/	414	(74)	2762	(232)
エ /e/	602	(98)	2429	(217)
ア /a/	750	(255)	1329	(298)
オ /o/	603	(81)	1014	(145)
ウ /u/	466	(59)	1506	(280)

表 11.2b　日本人学習者（女性）の英語母音フォルマント周波数平均値 Hz（カッコは標準偏差、N=18）

	F1	SD	F2	SD
/i/	440	(78)	2768	(138)
/ɪ/	434	(77)	2728	(142)
/ɛ/	584	(74)	2426	(209)
/æ/	756	(220)	1360	(369)
/ɑ/	663	(197)	1227	(248)
/ɔ/	634	(165)	1125	(195)
/ʊ/	512	(65)	1637	(367)
/u/	440	(79)	1642	(297)

表 11.2c　基準英語母音（女性）のフォルマント周波数平均値 Hz [4)]

	F1	F2
/i/	300	2800
/ɪ/	430	2500
/ɛ/	600	2350
/æ/	860	2050
/ɑ/	850	1200
/ɔ/	590	900
/ʊ/	470	1150
/u/	370	950

　男性の場合と同様にこれらの表を母音チャートに組み込むと、図 11.2a, b のように表示され、日本人学習者（女性）の母音習得の状況を把握することができる。

　図 11.2a, b において、日本人学習者（女性）は、英語の母音を発音するときに明らかに日本語母音を使用していることがわかる。英語の前舌母音 /i, ɪ/ には日本語イ /i/、英語 /ɛ, æ/ は日本語のエ、ア /e, a/ を対応させ、ほぼ日本語母音を用いて英語を発音していることがわかる。後舌母音 /ɔ, ʊ, u/ についても、日本語オ、ウ /o, u/ に対応させていると言える。また、基準の母音に比して，母音チャートの内側に位置し、さらに英語の高舌母音の F1 周波数が相対的に高く、舌の位置が幾分低くなっていることが窺える。

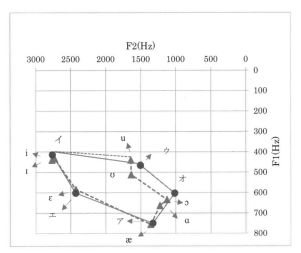

図 11.2a 日本人学習者（女性）の日本語母音・英語母音（実線－日本語
母音、点線－L2 英語母音）

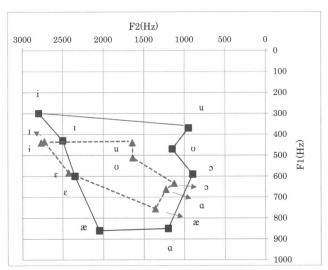

図 11.2b 日本人学習者（女性）の英語母音・基準英語母音（点線－L2
英語母音，実線－基準英語母音）

11．5 考察

英語の音声学習において、母音の習得は重要な機能を有しており、リズムとかイントネーションの形成とともに意思疎通に影響を与える。日本語と英語の母音について、前述しているように、数、質および音声環境での変化などにおいて大きく異なっており、学習者はこうした相違点に十分留意しなければならない。特に、性別によるフォルマント周波数には差があることが知られており、一部を除き多くの母音の周波数値で見いだされた。学習言語であるL2のF1周波数について性別による比較をしてみると、表11.3のように示される。

表11.3に見られるように、女性のフォルマント周波数(F1)は男性のそれに比して5〜40%範囲で高く、声道と声帯の長さが影響していることが考えられる。母音のフォルマント周波数には変異する要因が幾つかあるが、こうした差には留意する必要がある。

表11.3 英語L2における性別によるF1周波数の比較

	F1（男性）	F1（女性）	t-value
/i/	292	440	8.944*
/ɪ/	328	434	5.927*
/ɛ/	509	584	2.913*
/æ/	734	756	n.s.
/ɑ/	610	663	n.s.
/ɔ/	515	634	3.168*
/ʊ/	436	512	3.385*
/u/	416	440	n.s.

n.s. non-significant   * $P < 0.05$

次に、こうした差を踏まえた上で2つのグループのF1，F2周波数を検討すると、母音の学習を特徴づける傾向が見いだされる。男性の学習者では、前舌母音ではほぼ基準となる英語（米語）のフォルマント周波数に近似する方法で発音しているのに対し、後舌母音のうち /ɔ/ は基準の周波数に近似しているが、/ʊ, u/ では日本語の /u/ に類似する値で発音している。

調査に参加している学習者は、両言語の母音の違いをかなり意識し、学習言語に近い形で発音しようとしていることが窺える。他方、女性の学習者では、英語母音の /ɛ, ɔ/ では基準の英語に近似するフォルマント周波数で発音しているが、大きな傾向としては日本語の母音でもって英語を発音しようとしている。全体のパターンとしては日本語に近似し、学習言語 (L2) の母音が母国語 (L1) のいずれに対応しているかを判断し、類似する L1 の母音で発音していると言える。また、一般的に F1 周波数と舌の高さは逆比例の関係にあり、女性の場合には F1 が高くなっており、舌の位置が不十分であることを示している。ただ、本調査において、男性と女性の英語母音の学習ついて、フォルマント数値に差異が見いだされたが、調査参加者は極めて少なく、一般化することはできない。一般的に言われているが、性別間の声道の長さの相違がフォルマント周波数に影響していることが考えられ、さらに多くの参加者に対して調査を行い、母音の学習状況を調査することが今後の課題となる。

　さらに母音の学習について、フォルマント周波数の分析から得られた結果を学習モデルの点から考察する。男性学習者は、基準となる英語母音のフォルマント周波数に近い値で発音しているのに対し、女性学習者はほぼ日本語のパターンに類似した形で発音している。つまり、後者は英語 /i, ɪ/ は日本語イ、英語 /ɛ/ は日本語エ、英語 /æ/ は日本語ア、英語 /ɑ, ɔ/ は日本語オおよび英語 /ʊ, u/ は日本語ウに近似する周波数で発音している。換言すれば、女性学習者は L2 の母音を L1 のものと同一視して発音していると言える。一般的に理解されている学習モデルとしては、Best (1995) が提唱している知覚同化モデル (Perceptual Assimilation Model, PAM) と Flege (1995) の提唱する音声学習モデル (Speech Learning Model, SLM) があるが、L2 の類似音を L1 に同化するという点から判断すれば、前者の PAM が今回の母音学習に当てはまるということができる。PAM は、知覚面において学習者が L2 音をいかに L1 音に対応させているかが重要であり、女性学習者は L2 /i, ɪ/ を L1 イに対応させている。つまり、L2 の 2 つの音声を L1 の 1 つに同化しており、母語の音声との違いを理解していないと言える。ただ、2 つのモデルは、母国語と外国語との関係、発話と聴き取りと

の関係等で幾分差があり、従来から言われている移入 (Transfer) の観点からも考えることができる。

　ここでは日本人学習者の母音の習得について、フォルマント周波数を中心に考察した。母音のフォルマント周波数は、調査参加者の性別により変異幅が大きいため、男性と女性に分けて、母国語 (L1)、学習言語である英語 (L2) および基準となる英語のフォルマント数値を比較した。男性の場合には、一部の母音を除き母国語の影響を離れてほぼ基準値に近い発音をしていることが判明したが、女性の場合はほぼ日本語のパターンと同一視していることが明らかになった。男性の場合は、前舌母音を中心に基準母音にそって発音しているが、女性の場合は基準より異なり、L2 の 2 つの異なった母音を L1 の 1 つで発音しており、発話が適切になされていないことを示している。ただ、上述しているように、調査への参加者は極めて少なく、こうした調査でもって得られた学習上の相違を一般化することはできない。また、各学習者にはそれぞれ異なった学習履歴があり、そうした幾つかの要因を精査した上でこうした調査の継続が望まれる。調査に参加した女性の学習については、L2 の 2 つの音声を L1 の 1 つと同化しており、Best (1996) の提唱する知覚同化モデルに沿っていると言える。こうした状況より判断すると、調査参加者の発音が適切に行われていないことが考えられる。換言すれば、学習モデルが予測するように、聴き取りができない場合は、発音も難しく、音声指導に当たってはこうした点に十分留意する必要がある。

注

1)　分析資料の録音個数は、基本的にはこの方法であるが、分析不可の状況に対処するため、録音個数を増加させた。実験結果における N は各母音の分析の標本数であり、それぞれ男性（日本語）12、男性（英語）24、女性（日本語）12、女性（英語）は 18 である。男性（日本語）は日本語の各母音を 3 回録音し、そのうち分析不可のものを除き各個数は 12（5 名×3 回−3）、男性（英語）は各母音を含む英単語 3 個を 2 回発話し、そのうち分析不可のものを除き男性 24 個（5 名×3 ×2−6）、他方、女性（日本語）は 12 個

（6名×3回－6)、女性（英語）は18個（6名×3回）にした。分析不可は、
フォルマント周波数が非常に弱い場合や F1, F2 の弁別が難しい場合を指
す。各母音について、標本測定数は異なるが、測定数の最も少ない母音に
標本数をそろえた。

2) Yang (1996) A comparative study of American English and Korean vowels
   produced by male and female speakers, p.247 参照。

3) 基準の周波数は Kent and Read (1996) p.95 より引用しているが、元の資料は
   Peterson and Barney (1967) である。

4) 同上。

第12章　日英語の音声比較

第 12 章　日英語の音声比較

12. 1　日英語の音声体系の比較

　日英語の音声体系の比較を行う場合、幾つかのレベルおよび分野で検討することができ、分節素、音声の結合、音声変化およびイントネーションなどの韻律面において比較を行うことができる。二言語の比較については、語学学習の観点から詳しく検討されており、音声体系全体にわたり詳細が明らかにされている。最近では各種の音声分析の機器およびソフトを用いて、客観的な音声分析の比較が行われており、語学学習の教材開発などに利用されている。

　先ず、二言語の音声組織について検討してみると、次のように示される。

　図 12.1 に示されるように、二言語における母音・子音の各音素の種類とその数において両言語間に明確な差異があり、たとえば、母音の緊張性・弛緩性の区別の有無および二重母音の有無などが指摘できる。さらに各音素の異音上の変化および同一記号で表される音声単位そのものの音声的特質などに差があることが知られている。たとえば、異音上の変化については、英語の無声閉鎖子音 /p, t, k/ が語頭で強く帯気化するのに対し、日本語では英語ほど強い帯気はみられない。また英語の有声閉鎖音 /b, d, g/ は生ずる位置により、語頭ではほぼ無声閉鎖音に近い音声形式 [b̥, d̥, g̊] になることが知られているが、日本語ではそうしたことはみられない。次に、音声記号の同一性については、英語の母音 /u/ が円唇性をもって発音されるのに対して、標準日本語の母音「ウ」では非円唇性の [ɯ] として現れる。さらに英語の流音 /r/ および日本語のラ行音は多くの場合同一の音声記号 /r/ で表されているが、その音声的特質はかなり異なっていることが知られている。英語の /r/ は歯茎部の摩擦性半母音であるのに対し、日本語のラ行音は歯茎部の弾き音の一種であり、英語の流音よりもむしろ /t, d/

英語　子音

	両唇音	唇歯音	歯音	歯茎音	歯茎口蓋音	硬口蓋音	軟口蓋音	声門音
閉鎖音	p　b			t　d			k　g	
摩擦音		f　v	θ　ð	s　z	ʃ　ʒ			h
破擦音					tʃ　dʒ			
鼻音	m			n			ŋ	
側音				l				
半母音	(w)			r		j	w	

対になっている記号では、右側の記号が有声音を示す。

英語　母音

高舌	ɪ		u
	ɪ		ʊ
中高舌	ɪə	ə	oʊ
			ɔ
低舌	æ	ɑ	

日本語　子音

	両唇音	歯・歯茎音	硬口蓋歯茎音	硬口蓋音	軟口蓋音	口蓋垂	声門音
閉鎖音	p　b	t　d			k　g		
摩擦音	(ɸ)	s　z	(ʃ)	(ç)			h
破擦音		(ts)　(dz)	(tʃ)　(dʒ)				
鼻音	m	n				N	
弾音		ɾ					
半母音			j		w		

対になっている記号では、　右の記号が有声音を示す。カッコは派生される音声を示す。

日本語　母音

高舌	i	ɯ
中高舌	e	o
低舌	a	

図 12.1　日英語の音素表

のふるえ音 [ɾ] に近いことが知られている。

　両言語における音声単位の種類と音声的特質の相違のほかに、音声その
ものの結合にも相違があり、学習上の注意点としてよく取り上げられる。
英語の語頭での組合せのうち、/ti, di, tu, du, si, zi, ʃe/ などは日本語にはな

く、日本人学習者は ti → tʃi, si → ʃi, ʃe → se などに誤って発音することが
知られている。こうした音声の結合と関連し、英語においては語頭、語中
および語尾の位置で子音連鎖がよくみられるのに対し、日本語では子音連
鎖はきわめて限られており、主に「取った」[totta] などの例における促音
(つまる音) にみられる。こうした子音連鎖の有無は、両言語における音
節構造の相違を反映したものであり、英語では CV, CVC (C＝子音、V
＝母音) を中心にした音節構造を示しているのに対し、日本語では CV を
中心にした構造より成り立っていることによる。英語の音節タイプについ
ては、CV 34%、CVC 30%、VC 15%、V 8%、CVCC 6%、その他 7%と
いうことが知られている (Dauer, 1983)。[1]

　こうした音声単位および結合制限の相違とともに、隣接音への影響につ
いても両言語の間にかなりの差がみられる。これらの影響には、子音の前
の母音の長さ、母音の鼻音化と無声化などがあり、表 12.1 のようにまと
めることができる。

表 12.1　日英語の音声変化の相違

	英語	日本語
有声子音前の母音の長音化	有り	少し有り
鼻音前の母音の鼻音化	有り	少し有り
高舌母音の無声化	殆ど無し	有り
口蓋化	有り	少し有り
母音の弱化	有り	無し

　一般的に有声子音・無声子音の前にくる母音の長さを比べた場合、有声
子音の前にくる母音は無声子音の前にくる母音よりも長くなることが知ら
れており、この現象を一部の研究者は普遍的なものであると述べている
(Chen, 1970; Mitlef, 1984)。英語と日本語を調べたデータがあるが、日本語
の場合こうした傾向を示すものの、その影響は顕著に現れない (Shimizu,
1985)。母音の鼻音化については、英語の場合には逆行同化としてよく見
いだされるのに対し、日本語では東北地方などの方言において有声子音の
前にくる母音が鼻音化することが報告されている。さらに鼻音化とともに

方言によるが鼻濁音の存在も知られている。また母音の無声化について
は、日本語では高舌母音がよくその現象の対象になることが知られている
のに対し、英語ではあまりみられない。口蓋化は、子音が高舌母音の前に
くるときによく生ずるものであるが、英語では音声連続においてよくみら
れるのに対し、日本語ではそうした現象は顕著にはみられない。母音の弱
化については、隣接音への影響という点からの考察ではないが、英語にお
いては無強勢音節の母音が弱化するのに対し、日本語ではこうした弱化の
現象はみられない。このように、母音の変化に関わる影響を考える場合、
英語では鼻音化、弱化、長音化などの現象が顕著であるのに対し、日本語
では無声化と脱落が主なもので、母音への影響に質的な差異がある。

　次によく指摘される両言語間の相違にリズムがある。英語は一般的にリ
ズミカルな言語であるのに対し、日本語は平板な調子の言語であると言わ
れている。音声学的な観点からの考察では、英語は強勢音節がほぼ均等に
現れる強勢型リズムの言語と言われる。これに対して、日本語は音節が均
等の長さで現れる音節型言語、より詳しくはモーラが均等に現れるモーラ
型言語であると言われる。英語の強勢型リズムに関しては、幾つかの問題
点が指摘されており、等時性 (isochrony) に客観的な裏付けを行うのは難
しいことが一部で指摘されている。[2) 英語学習のクラスにおいてよく強勢
音節に合わせ手で調子をとることがあるが、意外に調子をとるのが容易で
ないのに気が付く。このことは、英語のリズムの構成要因として等時性が
第一義的なものではなく、音節構造などの要因も関与していることを示唆
している。こうした問題点があるにせよ、強勢音節の間隔はある面におい
て相対的であり、強勢の有無がリズム形成に大きく関わっている。英語の
リズムの習得においては、強勢音節を意識して発音することと同時に無強
勢音節を弱く発音することが重要であることが指摘できる。
　二言語におけるリズムの相違で言えることは、英語が強弱を基にした強
勢言語であるのに対し、日本語は高低の変化を主体にした声調言語である
ということである。英語には、3段階（または4段階）の度合いを示す強
勢があり、単語および文レベルの強勢位置は音節構造および統語構造より
ある程度予測することができる。他方、日本語は高低アクセントパターン

を有し、多くの方言に関して調べられ、記述面と理論面において検討され
ている。こうした高低アクセントを母語にもつ話者（日本人）が強勢言語
である英語を学習する場合、幾つかの問題点を呈することが予測される。
主要な問題点は、自国語の韻律特性をそのまま外国語の学習に引き継ぐ韻
律上の移入 (prosodic transfer) が考えられる。さらに、英語の強勢位置を
誤って理解し、正しく配置しないとか不自然な構成要素に細分化するなど
の問題点が知られている。

　より大きな範囲であるイントネーションについて、二言語間にどのよう
な相違があるのか考えてみたい。イントネーションは、音響的には基本周
波数（F0）の時間的な変化であり、普遍的な面と個別言語的な面とがあ
ることが考えられる。普遍的な面については、話し手が断定とか確信を
もって話す場合には下降調、疑問と不確かさをもって話す場合には上昇調
になることが考えられる。ただ、文のタイプとイントネーション・パター
ンの間の相関性については、必ずしも成立するとは限らないことが指摘さ
れている (Bolinger, 1964)。一般的に文のタイプは自然性を基準に無標・有
標に分けられ、平叙文は無標、疑問文は有標であり、無標の文ではイント
ネーションに関係する喉頭筋肉の活動がほとんどみられないのに対し、有
標の文では活動がみられることなどが指摘されている (Ohala, 1983)。 個
別言語的な面については、言語の相違により個々の特徴が異なって用いら
れていることが考えられ、F0 に影響を与える要因なども言語により異なっ
ている。英語では、各分節素の特徴、ストレスおよび全体的なパターンが
考えられ、他方、日本語では各分節素の要因、高低アクセントおよび全体
的なパターンが考えられる。二言語のイントネーション・パターンが如何
に異なっているかを客観的に調べたデータは少ないが、一定の言語学的な
範囲および文型の中での F0 の変化の幅および F0 のピークの数を調べる
ことができる。一般的には、英語では日本語に比べて F0 の変化の幅が大
きく、またピークの数も多いことが考えられる。

12. 2　日本人学習者の発音上の特質

　上述しているように、両言語には幾つかのレベルにおいて基本的な差が

あり、こうした差異は、日本人学習者に発音上好ましくない負の移入 (negative transfer) としての問題点を呈する。学習者の発音上の問題については、英語力のレベルにもよるが、一般的に次のような特質を有していると言える。

　単音レベルについて考えてみると、発音し易いようでよく誤解されるものに /p, t, k/ の発音がある。よく知られているように、英語では pin-spin などの対において、語頭の /p, t, k/ は強い帯気性をもつのに対し、/s/ の後では非常に弱い。帯気性の有無は聴き取り面において重要な役割をもっており、これらの音声が日本語と同じように発音されて帯気性が弱い場合には聞き直されることがある。一部ではこの現象は生理的に条件づけられているために特別な注意は必要ではないとも言われるが、帯気性の強さは英語では言語学的に大きな意義があり、学習者は意図的に学ばなければならない。

　次に、/r/ と /l/ の区別は、発音指導において常に取り上げられており、それらの音声的な特質はよく理解されている。これらの音声について、かなりの理解と指導がなされているにもかかわらず、聴き取りおよび発音面での指導が不十分であることが指摘できる。ただ、発音面については、単語内の位置によって若干異なるが、かなり区別して発音しているというデータもある。/r/ と /l/ の問題で考えなければならないことは、日本語ラ行音との関わりである。通常、日本語ラ行音は、英語の /r/, /l/ のいずれにも対応しているのではなく、歯茎部の有声の弾き音であり、英語の中でより近い音はむしろ /t, d/ の弾き音であることの幾つかの実証的データが出されている。[3] このため、従来一部の文献での英語の /r/, /l/ は日本語ラ行音と音声的に類似しているという記述は少し修正する必要がある。さらに、日本語のラ行音が便宜的に /ra, ri, ru, re, ro/ と表記されることもあるため、両言語の間に類似性があるという誤解を与える原因にもなっている。こうした単音レベルの音声上の問題は、両言語における /ʃ/ の摩擦性の違い、子音の前にくる母音の長さの差などにもみられ、母国語と外国語との間で音声的類似性のある音声の発音に問題を呈している。

　単音レベルの発音上の問題点の一部を述べてきたが、日常の英語では連

続音声 (connected speech) として音声の結合がよく見いだされ、個々の単音の正確さよりも連続音声の方が学習者にとってより重要であると言える。英語の音声現象には、同化 (assimilation) とか弱化 (weakening) などがよく生じており、次のような例にみられる。

同化　　light blue [laɪp blu]
弱化　　I've met her.[aɪv mɛtə]
口蓋化　The teacher will aid you. [eɪdʒʊ]

　こうした音声の連結は、極めて一般的な現象であり、学習者は音声の流れのなかでの発音を習得する必要がある。日本語のなかにも同化、鼻音化および口蓋化のような現象がみられるが、英語の場合にはこうした現象がより顕著である。特に、日本語では母音の弱化は無声化を除いてみられないのに対し、英語では本来の音価を失って主に [ə] になり、リズムを形成する上で大きな意義を持つ。連結は、音声的特徴を前後の音に与えることであり、発音上の容易さとともに、聴き取り面での予測性を高める効果があると言える。

　英語の音声指導において、韻律パターンの学習は極めて重要であり、同パターンの正しい習得なしでは口頭表現力を向上させることは難しいと言っても過言ではない。ストレスとかイントネーションなどの韻律パターンを誤ったためになかなか相手に理解してもらえなかったということもよく聞く。学習者の指導で気付くことは、筆記の英語力テストで上位のものが、必ずしも発音が良いとは限らないことで、リズムとイントネーションの習得が不十分であると感じることがある。また、英語の発音を個々の音声単位のレベルと韻律のレベルに分ける場合、音声英語の理解性を高める上において、韻律パターンを正確に習得することが、個々の音声単位を正確に発音するよりも重要であるということも言われている。例えば、お店でアイスクリームの注文をする場合、va'nilla という単語において、語頭音の [v] を不明確に発音しても、強勢の位置が正しく置かれていれば理解されることが多い。このことは何も音声単位のレベルの発音を過小評価す

るものではないが、理解性を上げる上で韻律レベルの学習が極めて重要であることを示している。

12. 3　日本人学習者の発音上の問題点

　ストレス、イントネーションなどの韻律パターンの指導における学習者の問題点は、多くの文献に述べられているが、日本語の音声的特徴からの影響とその指導方法にあると言える。前節で述べたように、両言語のリズムのパターンは異なっており、日本語はモーラ型リズムの言語であるのに対し、英語は強勢型リズムの言語である。これらの定義に関して、一部の研究者から疑問が出されているが、一般に前者はモーラ拍の長さが均等であるのに対し、後者は強勢音節間の長さが均等であり、基本的に言葉のリズムが異なっている。さらに、語彙・文のレベルでは、英語が強弱のストレス・アクセントであるのに対し、日本語では高低のピッチ・アクセントであり、両言語の韻律パターンはかなり異なっている。英語の学習上の問題点は、2つの言語のこうした差からきている点が多く、学習者の英語力のレベルによってもかなり異なるが、多くは次のように述べることができる。

1）話すテンポが幾分遅く、不必要なポーズが挿入される。

2）英語の強勢レベルは、通常3段階（無強勢を含む）であり、リズムの形成は重要であるが、多くの学習者はこのレベルの差にほとんど注意を払っていない。

3）イントネーションの変化の幅が小さく、そのため抑揚が少ない。また平叙文、疑問文などの基本的なパターンを除いては英文の構造とパターンとの関連に注意が払われていない。

4）文法的・意味的な範囲と生理的な息の長さの範囲とが一致せずに、無秩序に区切られることがある。

　こうした問題点は、よく指摘されるものであるが、発音での英語らしさを高めるためには、音声指導において十分な配慮がなされなければならない。

　英語の音声指導において、イントネーションは重要な役割を持ってお

り、その言語学的機能、音声的特徴および学習方法などについて多くの文献が出されている。イントネーションは主要な韻律的要因の1つであり、英文の種類、意味、話し手の態度および感情などにより幾つかのパターンに分けられる。同パターンは、基本的には上昇調と下降調であり、自然な英文のパターンはこれらを組み合わせたものであり、文法的・意味的・感情的な内容を表すことができる。通常、これらのパターンについては、平叙文では文末で下降調、yes-no 疑問文では上昇調を示すが、文法上の境界では下降−上昇のパターンになることが知られている。さらにイントネーション・パターンは、強勢の有無、文全体にわたる生理的な要因（自然降下など）などによって影響を受け、特に強勢を受ける場合には上昇−下降になり、強勢音節を特徴づける1つの要因になっている。

　こうした問題点は、よく指摘されるものであるが、発音での英語らしさを高めるためには、音声指導において十分な配慮がなされなければならない。現実には多くの場合、書き言葉 (written English) を中心にしたものであり、発音上の指導まで行き届かないのが実状のように考えられる。最近では音声分析機器の進展により、学習者の問題点を客観的に調べることが行われており、英語の流暢性を高めるための具体的な方法が検討されている。指導の方法として、音声単位の練習からより大きなレベルに移る方法 (Bottom-up) とその逆の方法 (Top-down) とが考えられ、最近の学習書ではストレスとかイントネーションなどの練習に重きを置き、Top-down の方法が採用されているものが多い。イントネーションなどの練習で大切なことは、音声の流れの中で同パターンがどの位置で如何に変化するかを理解することであり、このため耳からの練習のみならず、目で見ながら練習する方法もあり、流暢性 (fluency) を高めるためには、学習者は次の点に注意しなければならないと言える。

1) 英文を構成する単語のうち内容語の主強勢に注意し、文の流れにおけるイントネーション・ピークを適切な位置に置く。
2) 文全体の長さ（時間的要因）をコントロールし、不必要なポーズの挿入を避ける。

3）文法的・意味的にまとまった範囲を1つの息の長さで発音する。

　こうした点に注意し、発音指導書に問題点と生じやすい誤りを明示し、音声教材などを用いた練習方法が考えられる。

12. 4　音声指導について

12. 4. 1　音声指導の方向

　英語の音声指導、特に発音に関して、この数年 TESOL などの学会誌に多くの論文が発表され、指導の在り方と方向性が議論されている。発音指導の位置づけから具体的な指導方法などにまで広く及んでおり、米国において語学教育に従事する人々が発音の指導で苦慮していることが窺える。国内においても事情は若干異なるが、近年、コミュニケーションができる能力の養成が叫ばれてはいるものの、具体的な指導方法と評価などについては十分な配慮がなされているとは言えない。コミュニケーションできる能力を具体的に如何に定義するかは各人によって幾分異なるかもしれないが、基本的には「通常の言語環境において相手との意思の疎通を可能にする能力」と言われており、総合的な英語力が望まれることには変わりない。発音の指導については、伝統的には音素のような小さい単位からより大きな単位の練習に移る Bottom-up（BU）方式から最近では認知上の脈絡をベースに、音声指導において統語的・意味的なまとまりを重視する Top-down（TD）方式に分けられるように思う。

12. 4. 2　Bottom-up 方式と Top-down 方式について

　英語の音声指導において、2つの方式についての考え方はかなり以前からあるが、具体的にその問題点が検討されだしたのは比較的新しいと言える。音声指導の考え方は、言語研究の時流の方向性を映すものであり、従来の文レベルまでの分析から談話などのより大きいレベルの分析へと拡大された研究の方向性を反映しているものと考えることができる。伝統的には、音声の最小単位は音素であり、指導法として個々の音声単位の発音からより大きな単位である単語、句・節および文の発音練習、さらには英語の母国語話者に近い"正しい"発音の習得が目標とされた（BU方式）。

どの程度“正しい”発音の達成がなされたかは疑問であるが、口腔図で舌の位置などの説明がなされ、異音上の変化、最小対立などについて機械的な練習に重きが置かれてきた。現在でもこうした個々の音声単位の練習は行われており、日本語との対比と日本語の影響からくる問題点がよく取り上げられている。ただ、こうした機械的な練習に対する効果、言葉の意味の脈絡をあまり考慮しないことに対する認知上の問題点が指摘され、BU方式についての是非が論じられた。これらの指摘はある程度妥当なものであり、最近ではコミュニケーションができる能力の養成のなかで脈絡を重視した音声指導が取り上げられることがより多くなっている。具体的に同能力の養成のなかで発音を如何に指導するかは明確にはなっていないが、言葉というものがより大きな意味脈絡のなかで作り出され、理解されているという立場に立ち、発音指導はなされるべきであるとしている。換言すれば、人間の発話は音素、形態素、さらには文のような階層的な順序で組み立てられているのではなく、より大きい統語的・意味的なまとまりをベースに形成されているものと考える。このため、実際の発話練習ではストレスとかイントネーションなどの超分節素の指導を第一義的なものとし、個々の音声単位の指導は第二義的なものと考えられている（TD方式）。TD方式についての具体的な指導方法はPennington(1989)に詳しく、韻律 (Prosody)、音韻連結 (Phonological fluency) および声の特質 (voice quality) の3領域の習得が重要であるとしている。これらは音声の連続性に重きを置いたものであり、より大きな脈絡を取り入れる考え方は、音声指導を静的なものから動的なものへ、また狭い視点から広い視点へと変えるものである。ただ、その目標がコミュニケーションができる能力の達成に置かれ、その結果、意図しないまでも体系的な発音指導が軽視され、さらには許容できる発音であればよいという傾向を生み出しているようにも見受けられる。こうした傾向を反映しているか否かはわからないが、英語学習の周辺環境が整い、また学習用の機器がかなり進展しているにもかかわらず、発音能力が向上したということを聞かないし、日本人学習者の発音に大きな進展がみられているようにも思えない。このことは、発音指導が極めて多面的であり、2つの方法のいずれかを選ぶことでは解決できないことを示している。

12．4．3　Bottom-up 方式と Top-down 方式の調和

　前節において日本人学習者の発音上の問題点を述べてきたが、これらを踏まえて具体的な指導法を考える場合、いずれか一方の方法で指導を行うことには少し無理がある。言葉に対する基本的な考え方として、BU 方式における音素－形態素－語彙－句－文という階層関係では分析には役立つにしても、言葉の機能を軽視している点で指導法としては適切さを欠く。他方、TD 方式における言葉の機能を重視し、統語的・意味的な脈絡に基づく指導法では、学習者の第 2 言語としての発話がこうした脈絡に基づいているのか否かが疑問であるし、また日本語の影響からくる調音上の生理的な問題点を解決するには難しいように思われる。TD の方式を重視する Pennington (1989) は、強勢とかイントネーションなどの韻律、音韻連結および声の特質について具体的な指導例を示しているが、上述の問題点の解決には不十分である。最近では TD の方式に重きが置かれ、一部の発音のテキストでは強勢とかイントネーションの指導を個々の音声単位の指導の前に行っているものもあるが、発音指導はある面では日本語からくる生理的な問題点を克服するための機械的な練習が必要とされるように思われる。このため、発音指導では BU 方式か TD 方式かのいずれかを選択するというよりも、2 つの方式の調和が望まれ、如何に調和するかが重要となる。

注

1）　Dauer (1983) pp.56-57 参照。本論文において、英語、スペイン語およびフランス語のリズムについて、音節のタイプおよび強勢音節の特徴を調べ、これらにおける差がリズム感に相違を呈していることを実証的に述べている。

2）　Dauer (1983) pp.53-54 参照。

3）　Price, P. J. (1981) *A cross-linguistic study of flaps in Japanese and in American English* 参照。

第 13 章　英語音声学習と理論的考察

第13章　英語音声学習と理論的考察

13. 1　英語音声学習の背景

　日本人学習者が英語音声を習得する場合、その学習の段階において、さまざまな問題を示すことが知られている。日本語と英語の音声体系全体を比較し、音声単位、音声結合、音声変化、強勢、リズムおよびイントネーションなどの各項目に関して、類似または相違する点などを挙げ、学習上の問題点への対応が検討されている。こうした問題点については、通常、2つの言語間の対照研究を通して検討され、かなり以前より音響分析などにより客観的な考察が行われている。

　外国語 (L2) の音声習得に関して、母語 (L1) との比較を通して、今までに理論的な考察も行われており、干渉、移入、折衷および最近では有標化理論、知覚上の同化、音声学習モデルなどが提起されており、学習上の諸問題に理論的な裏付けを与えることが試みられている。学習者の発話や聴き取り上の特徴などを分析し、問題の原因、理論的な解明を行うことは、外国語音声の習得に大いに寄与するものと考えられる。

13. 2　L2 音声学習の問題

　英語の音声学習において、母語である日本語からの干渉による学習上の問題点が古くから知られている。lack-luck-lock などにおける母音の発音、right-light などにおける英語流音 /r-l/ と日本語ラ行音の区別、さらに ear-year における母音-半母音との対比などは必ず学習において指摘されている。こうした単音レベルの問題は、学習の進展に応じて解消されてきているものの、相対的に語学力の高い学習者でもよく見られる。当然のことながら、学習者は学習のレベルに応じて日本語をフィルターとして用い、音声的な類似点・相違点に基づき問題点を示している。

L1 と L2 の間において、音声的に類似していれば、L2 の発音に L1 の類似音を用いることが考えられ、移入 (Transfer) からの問題が生ずることが知られている。二言語間において、ほぼ同一であれば肯定的な移入があり、反対に相違点が大きければ否定的な移入が考えられる。L1 からの移入については、二言語間の類似点・相違点に依存しており、次のように定義される。

"Transfer is the influence resulting from the similarities and differences between the target language and any other language that has been previously (and perhaps imperfectly) acquired." (Odlin, 1989:27)

外国語学習において、移入の現象はよく見られ、発音の誤り、過剰使用および非使用などとなって現れる。発音の誤りは母語からの影響によりよく見いだされ、例えば英語 /r-l/ の聴き取りと発音の問題などがあり、主に日本語ラ行音の負の移入 (negative transfer) によると考えられる。次に、過剰使用については、外国語における一部の規則を例外なく使用しようとするところからくるもので、過去形接辞の付加などが考えられる。例えば、過去形は -(e)d の付加によって形成されるが、不規則変化する動詞、例えば fly-*flied (flew が正しい過去形) の例に見られるような誤りを指す。さらに、非使用という現象は、母語と外国語との差が大きく、発音することが難しいと考えられ、学習者はできるだけ使用しなくなることを言う。例えば、/r-l/ の区別が難しいと考える学習者はできるだけ使用しなくなる現象を示す。このように母語からの影響はいろいろな面で現れ、母語の音声的特徴が如何に外国語の学習に関わっているかを調べることが重要と考えられる。

L2 の音声学習について、音声現象における普遍性からも考察されており、Eckman (1981) は、中国語、ハンガリー語を母語とする話者が英語を学習する場合、語末有声子音が無声化する誤りを指摘している。これは、音声の普遍性の観点から、無声子音が有声子音に比べてより自然で、つまり無標であり、より普遍的な特徴を表す方向に移ることを示している。Eckman は、こうした現象を有標差異仮説 (The Markedness Differential Hypothesis, MDH) として提唱しており、学習上の困難さは次のようになることを示している。

1) 母語と異なり、より不自然、つまり、より有標と考えられる外国語の要素は、学習することが難しい。

2) 母語に比べてより有標と考えられる外国語要素の学習は、有標化の度合いに応じて難しくなる。

3) 母語と異なり、母語よりもより自然でより無標である外国語の要素は、学習することが難しくない。

こうした普遍的な要因を考慮すると、ドイツ語を母語とする学習者は、英語における語末での有声音の学習に大きな困難を有しており、この位置での有声音は有標性が高いことに起因していると言える。

13. 3　音声学習における発話と知覚の関係

発音と知覚の関係については、古くから知覚モデルの解明という点より検討されている。2つの機能の関係は、母音と子音についての知覚と発音の違い、乳幼児の知覚実験および外国語学習における実証的な研究などにより検討されており、2つの機能が全く関連していないという考えはなく、多くの研究は関連していることを前提に考察を進めている。[1] 2つの機能について、基本的に多くの点において異なっていることが考えられ、発音は運動指令のプログラミングに依存しているのに対し、知覚は音声の流れにおける言語学的に意義のある単位の範疇化によると考えられている。聞き手が聴き取る音響的特徴は、話し手が発する音響的特徴と同じとは考えられないが、抽象的レベルでは2つの機能は同じものと認識される。

外国語学習における発音と知覚については、考え方として両機能の訓練を重視するものであるが、その関係に関しては明確でない。このため、L2音声の口腔形状の発音訓練を中心的に行うものと、他方、最小対立などの対の聴き取り訓練を行い、その上で個々の分節素の発音を韻律内で訓練する方法が考えられる。発音の訓練については、イントネーションとリズムの訓練の中で音声単位の訓練を行う方法とL2音の知覚能力を訓練することが発音の向上に繋がることなどが明らかにされている。こうした考えに関係するものとして、Paulston & Bruder (1976) は、発音を練習する前

に新しい音素を弁別できる能力を教える必要性があることを述べている。また、幼児による言語習得の検討において、彼らは聴き取ることができる音素対立の音声を中心にしか発音できないことなども明らかにされている。こうした研究は、知覚能力が発音する能力よりも先に習得されることを示している。これに対して、Hancock (2003) は、発音における口腔形状の訓練と同時に聴き取りのための発音訓練の重要性を指摘している。発音と聴き取りの両面における訓練は、大きくは分節素と韻律面に分けられ、初期の訓練では音声単位の聴き取りから始め、その後、韻律に移ることが指摘されている。発音と知覚の両面を重視することは従来の主張と大きく変わるものでないが、2 つの能力の習得にアンバランスが生ずる場合もあり、そうした場合には知覚面より発話面に問題がでることが明らかにされている。

13. 4　日英語における母音の発音

　日英語における母音は、種類と質においてかなり異なっており、その音声的な特徴は音響分析を通し明らかにされている。音声的特徴は、舌および唇などの動きによる口腔内の形状変化により影響され、舌による前後運動および上下運動のせばめにより、また唇による円唇化（唇の丸み）の有無により変わる。口腔内は一種の音響管と考えられ、舌および唇の変化による口腔形状の変化により、各種の調音上のエネルギーを音響上のエネルギーに変えることが可能となる。これらの要因は、相対的なものであり、幾つかの要因が重複して生ずることもある。

　日英語の母音の音声的特徴について、一般的に緊張性・弛緩性、弱化および母音の無声化などの有無の点より相違が論じられている。英語母音の緊張性・弛緩性に関しては、緊張母音は長母音および二重母音が対応し、弛緩母音には短母音および弱化母音が対応している。緊張性・弛緩性は、一般的には調音に係わる筋肉の緊張の有無を指すが、音声的な裏付けに乏しく、また実際の発音において舌、唇などの緊張を感じることは難しく、これらの用語が適切であるのか否かについて再検討を要する。なぜならば、日本語の母音には、こうした緊張性・弛緩性の区別はなく、日本人学習者にとって、これらは発音を難しいものにしている。

音響分析の結果については、第 11 章において詳しく述べており、その結果に基づくと、学習者のレベルによりその分布は異なるが、多くの場合、日本語母音の分布パターンに類似していると言うことができる。また、/i, ɪ/, /u, ʊ/ における各対の区別が成されておらず、日本人学習者は英語に見られる緊張・弛緩の区別が難しいと考えられる。さらに、/i, ɪ/, /æ, ɑ, ɔ/ および /u, ʊ/ に関して、それぞれほぼ日本語母音の /i/, /a/, /u/ の音響領域で発音しており、それぞれのグループ内で区別を行っておらず、日本語母音を用いるという負の移入の現象が見られる。このように、音響的特徴を考察することにより、日本人学習者の問題を客観的に示すことができる。

13.　5　日英語における閉鎖子音の発音

日英語における閉鎖子音について、その音響的特徴は今までに幾人かの研究者により調査されており、学習上の問題点が明らかにされている。一般的に英語の閉鎖子音 /p, t, k/ は語頭では帯気が強く、他方、日本語では強い帯気は見られないことが知られている。このため、日本人学習者は英語の語頭の閉鎖子音を発音する場合には、こうした違いを考慮し、呼気を意識的に発音することが求められる。日英語における閉鎖子音の帯気の違いは、音声的には声帯振動の開始時間 (Voice Onset Time, VOT) で表され、諸言語において調査されている。声帯振動の開始時間は、調音器官の破裂から声帯振動の開始までの時間を示し、1 つの時間尺度であり、有声音、無声無気音および無声帯気音についてその分布範囲が異なることが明らかにされている。

英語を外国語として学ぶ場合、その閉鎖子音の発音がどのように行われているかについて、幾つかの研究が明らかにされている。ロシア語話者が英語を学習する場合、Weinreich (1953) は語頭の /t/ は帯気を伴わない [t] と発音され、ロシア語話者は恣意的に [t] を中心に発音することを述べている。またスペイン語話者が英語の閉鎖子音を発音する時、/p, t, k/ のVOT 値は英語話者よりもかなり短い値を示すことが報告されており、成年になって第二言語として英語を学習する話者は、英語の値に近づけて発音することが難しいことが指摘されている。このように第二言語として英

語の閉鎖音を学習する場合、その学び始める年齢により VOT 値は影響を
受けることが明らかにされているが、日本人学習者の場合はどのようなこ
とが言えるのであろうか。日英語の閉鎖子音の VOT 値は、前章（第9章）
において提示されており、二言語の間でかなりの差が見られることが知ら
れている。有声閉鎖音 /b, d, g/ では、日本語では破裂前振動が多く見られ
るのに対し、米語では破裂前と破裂後の2つの値が示されている。[2] ま
た、無声閉鎖子音 /p, t, k/ では二言語の間に大きな差が見いだされ、日本
語では帯気性が弱いのに対し、英語ではかなり強い帯気が見られることが
明らかにされている。

13. 6　母語からの干渉と L2 学習理論

　外国語 (L2) の音声を学ぶ場合、母語 (L1) からの影響によりその発音と
か聴き取りにおいて、問題を呈することがよく知られている。英語を外国
語として学ぶ場合にも母語からの影響により意図したことが伝えられな
かったり、英語母語話者の意図したことを正しく理解できなかったりする
ことがよく報告されている。日本人の英語学習者の場合には、イントネー
ションの抑揚がなく単調であるとか、母音 /ɑ, æ, ə/ などの区別が困難であ
るとか、また /r-l/, /s-θ/, /dz-z/ などの区別が難しいなどの問題点がよく指
摘されている。こうした問題点は、一般的に英語の音声的な特徴を母語の
フィルターを通して理解し、母語への対照を行うことにより生じているこ
とが考えられる。換言すれば、外国語音声を学ぶ場合、母語との対照を通
して外国語音声は幾つかの尺度に範疇化され、範疇化の度合いにより問題
点が顕現することが考えられる。

　L2 音声学習について、干渉 (Interference)、移入 (Transfer) および折衷
(Blending) などの考えがよく知られているが、近年、幾つかの L2 学習理
論が出されている。よく知られている理論としては、(1) 母語マグネット
モデル、(2) 知覚同化モデル、(3) 音声学習モデルが知られている。先
ず、Kuhl (1998) による母語マグネットモデル (Native Language Magnet
Model) は、L1 と L2 の音素範疇の音響上の相違に焦点を当てたものであ
り、母語音素の音響的な特徴に早期に接し、音素範疇を形成し、同範疇へ
の知覚上のマグネット機能を持つと考える。音声範疇についての学習者の

内部表示は、音響・音声スペースにおいて個別言語の特性に応じた偏りを示し、2 つの L2 音の弁別が 1 つの母語範疇の範囲内にある場合には知覚的に‘減少’し、他方、2 つの母語範疇にわたる場合は音声境界で知覚的に‘拡張’されると考える。言い換えれば、L2 音が新たに入ってきて、それらが L1 音に類似している場合、L1 音素範疇へのマグネット機能を示し、音響的な類似性により弁別を難しくさせることになる。

　次に、Best, C. (1995) による知覚同化モデル (Perceptual Assimilation Model) では、L1 の習得において既に形成されている高次の音韻体系を通して L2 音を聴き取り、それらが如何に L1 音に同化されるかにより学習の難易度が決められるとする。基本的に、聴き取りは L2 音がどの程度知覚的に母語に同化するかに依存するもので、幾つかのケースが考えられる。例えば、L2 音の 2 つの単音が L1 で異なった音韻範疇に同化される場合には弁別は極めてよく、これに対応する例は、英語の語頭 /w-j/ が日本語 /w-j/ に同化されるような場合、弁別は非常によくなることが考えられる。また、2 つの L2 音のうち、その 1 つが L1 音により類似していると考えられる場合には、識別はその類似性に依存して、比較的難しくなり、他方、異なった 2 つの L1 音に範疇化される場合は、完全に識別されることになる。換言すれば、L2 音が母語に対して如何に同化されるかが弁別にとって重要となる。

　さらに、Flege (1995) の音声学習モデル (Speech Learning Model) は、L2 音声の聴き取りの難しさは発音に関連しているとし、L1 と L2 の音声体系は互いに関係していると考える。L2 音の発音と聴き取りは、母語音声への音声的な類似性に基づくもので、相対的な学習上の難易度を検討することが可能となる。こうした点より、L1 音素と異なる新しい L2 音は学習が比較的容易であり、他方、L1 と L2 の間でかなり類似している場合は難易度が高いことを明らかになる。換言すれば、L2 音を学習するに従って、類似していない場合は L2 音の範疇を作るようになり、正確に発音できるようになる。他方、L1 音に類似している L2 音はそれと一体化し、類似の範疇を作ることになり、弁別がより難しくなる。

　これらの学習モデルについて、特に上述の 2 つのモデルについて、臨界期説との関連および日本人の英語学習者による問題点などで考察されてい

る。2つのモデルの論拠においては、Best では、音声範疇は調音と知覚の両面にわたる統合的な構造で定義され、他方、Flege では L1/L2 の音声関係を脈絡に依存する異音上の特性として捉えており、換言すれば、比較する音声単位の大きさ、比較のレベルに差があると言うことができる。当然のことながら、二言語の音声体系の比較を行う場合、二言語における音素の比較のみでは不十分である。L1 と L2 との間でどの程度類似しているかについて、類似していると考えられる場合でも、容易に識別できたりする場合があり、音素目録の比較のみでは学習上の問題は出てこない場合がある。さらに、音声体系の比較を行う場合にはそれぞれの音声単位がどのような音声環境にくるかが重要であり、音声環境の中での知覚上の類似性は単独に生ずる場合とはかなり異なる場合があることが考えられる。また、話す速度であるとか、話し方のスタイルのようなものも二言語の音声体系の比較には関与し、こうした点に配慮しながら学習モデルを検討しなければならない。

注

1) 音声の調音と知覚の関係は、以前より運動指令参照説 (Motor Reference Theory) などが出され、2つの機能の関連がよく知られている。母音と子音の調音と知覚について、母音は両機能において連続的であり、他方、子音は範疇的であり、両機能の対応が指摘されている。

　　さらに、Sheldon & Strange (1982) は、/r-l/ の学習を取り上げ、知覚は不十分であるが、発音はかなり正しく、両機能の学習に差が生じることを指摘している。

2) 日本語の有声閉鎖子音の VOT 値について、幾つかの調査において、破裂後のデータも出されており、年齢と地域的な要因を考慮することが求められている。

第 14 章　英語の音韻論

第14章　英語の音韻論

14．1　音韻論とは

音声の研究は、人間が音声を如何に作り出し、聴き取るのかという具体的な面と音声が言語の体系の中で如何に機能し、また理解に関わっているかを調べる抽象的な面の2つに分けられる。大きく分けて、前者を音声学 (phonetics)、後者を音韻論 (phonology) と呼ぶことができる。音声の研究において、これら2つの領域は密接に関連づけられており、相互依存の関係にあると言える。音声学と音韻論の研究領域は、前者は主に現実の発話において調音器官はいかに機能するか、またそうした動きはどのような音響的な特徴として現れているかを明らかにする。それに対し、後者ではそうした特徴が如何に関連づけられ、機能しているかを明らかにする。換言すれば、音韻論は言語の使用者が音声の構造と機能について、内在的に知っている音声間の関連性とか規則性を明らかにすることが主目的と言える。このため、音韻論の研究は言語学における理論の推移とともに変わってきており、近年、大きく進展していると言える。

音韻論の研究自体は、かなり古くから行われており、20世紀初頭のチェコのプラーグ学派を中心に発展してきたと言える。この学派の音声研究への貢献は、音韻論の基本的な単位である音素について、意味を区別する最小単位であることを示し、音韻論の進展に大きな影響を与えたと言える。プラーグ学派は、ソシュール (F. de Saussure) の「言語は体系である」という考えに立脚し、音素の定義を行い、弁別的素性などを用いて一般法則を見出そうとした。そうした考えの流れをくむのがヤコブソン (R. Jakobson) であり、米国での音韻論の研究を大きく進展させたと言える。米国ではアメリカ・インディアン諸語の記述を中心にした構造主義言語学が主流を占めていたが、20世紀半ばより生成変形文法などの進展があり、英語の音

声構造の解明に大きく寄与したと言える。特に、チョムスキーとハーレ
(N. Chomsky and M. Halle) による変形生成文法では、話者が言語について
知っていることを言語理論のなかで記述し、またそれらを公式化すること
が重要であることを明らかにした。こうした理論のなかでは、話者が音声
について知っている内容を規則化し、音韻解釈を与えることに努めた。

14. 2　音素の設定に関する問題

　音声の体系は、特定の言語体系のなかにおいて音素 (phoneme) よりなる
と考えられ、さらにそれらはさまざまな音声環境の中において異音
(allophone) として現れる。現実にさまざまな音声環境の中においてどのよ
うな音声形式として具現化されるかは、音声の体系とその機能を考える上
において重要である。音韻論の中で音素の機能はきわめて重要であり、そ
の設定に関しては、幾つかの考え方が出され、一般的に次のように考えら
れる。[1]

1）特定言語の中で、ある音声が意味の弁別に関与する機能があるか否か
が重要となる。換言すれば、英語では 2 単語 pin-bin における /p/-/b/ のよ
うに、最小対立をなすか否かが設定に関係する。

2）特定言語の中で各音声単位はどのように分布するか、例えば、英語に
おける /p/-/b/ は語頭とか語尾など単語のどの位置に生じるか、さらにど
の音声と結合するかなどが重要となる。

　音素は通常「意味を区別する最小の音声単位」(Bloomfield, 1935) と定義
され、特定の言語のなかにおいて意味の弁別機能を持たなければならな
い。例えば、英語では /pɪn/, /bɪn/ は最小対立を成し、語頭音の違いは意味
の弁別に関与しており、英語では /p/ と /b/ は別々の音素ということがで
きる。次に、異音の分布に関しては、pin, spin はそれぞれ [pʰɪn] [spɪn] の
音声形式を持ち、/p/ は 2 つの音声形式、[pʰ], [p] を有し、これらは音素
/p/ の異音 (allophone) と言われる。それぞれの異音の生ずる音声環境は
[pʰ] が語頭（または音節頭位）、[p] が s の後にくる語頭音節であり、これ
らは音声的に条件づけられていると言える。このように異音の現れる環境
がお互いに補い合っているような場合、2 つの異音は相補的分布

(complementary distribution) を成すと言うことができる。音声形式が相補
的分布を成すか否かは音素設定に大きな役割を持つと考えられている。

　音素の設定には幾つかの考えがあるが、英語という特定言語の中におい
て問題があり、それらについて考察する。音素の設定に関わる問題とし
て、1 つには church, judge の下線部にみられる破擦音 /tʃ/, /dʒ/ の取り扱い
がある。要点は、これらの破擦音を 1 つの音素とするのか 2 つのものとす
るのかである。これらは各々2 つの音声記号で表記されているが、多くの
専門書ではこれらを 1 つの音素とみなしている。この問題について、
Roach (2009) は詳しく論じており、これらの破擦音が単一記号で表記され
る音素と同じように機能するか否かによるとしている。[2) この問題につい
て、音声的な類似性、単語内におけるその分布および音声現象より考える
ことができる。音声的な類似性は、/tʃ/ の最初の /t/ が time や tip の /t/ に類
似しているか否かにより判断されるが、その判断は幾分難しい。また分布
については、英語の /p, t, k/ などの子音が、それらのみで語頭、語中およ
び語末に生ずるのと同様に、/tʃ/, /dz/ に関してもほぼ同じ音声環境で生
じ、こうした点より単一の子音と考えることができる。
　さらに、sing [sɪŋ] に現れる鼻音 /ŋ/ についても、他の鼻音 /m, n/ と同列
の音素と考えるのか、または音素 /n/ の異音と考えるのかという問題があ
る。/ŋ/ の分布は sing, hang にみられるように語末にしか現れず、限られた
分布を示し、/n/ の異音とみなす考えがある。しかし、sin /sɪn/-sing /sɪŋ/ に
みられるように意味の弁別に関与し、最小対立をなしているところより、
多くの取り扱いにおいて別個の音素とみなされている。こうした点より、
多くの専門書では /ŋ/ を別個の音素と考え、英語の鼻音には 3 つの音素 /m,
n, ŋ/ があるとしている。

14. 3　英語における音声現象
　日常の言語活動において、個々の音声は単独で用いられるよりも、音声
の流れの中で連続体として現れ、その音声環境によりさまざまな音声形式
として現れる。個々の音声が連続音声の中で変化することはよく見いださ
れる現象であり、どのような音声形式で現れるかは発音および聴き取りに

おいて意義を有す。例えば、英語の /t/ はその生ずる音声環境により、次のような音声形式を示す。

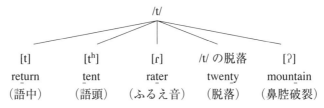

/t/ の変化は、音声的に条件づけられており、生ずる形式をかなり予測することできる。こうした音声環境における子音の変化について、これまで前章で少し触れてきたが、幾つかの例について、考えてみたい。

1）閉鎖子音の帯気化 (aspiration)
　無声閉鎖子音 /p, t, k/ は、語頭、語末および母音間で後続に強勢母音がくる場合、帯気化する。これは、次のような単語に見いだされる。

　　　　pie [pʰaɪ]　　　　　－　　spy [spaɪ]
　　　　appear [əpʰɪr]　　　－　　aspire [əspaɪɚ]

2）真子音の円唇化 (labialization)
　真子音 (obstruent) は、円唇化母音の前にくる場合、円唇化する。真子音は /p, t, k/ などのようにせばめを伴って発話される子音を指す。

　　　　quick [kʷɪk]
　　　　choir [kʷaɪɚ]

3）真子音の口蓋化 (palatalization)
　真子音は、前舌・高舌母音の前にくる場合、口蓋化する。

　　　　Would you …?
　　　　　[dʒ]
　　　　Won't you …?
　　　　　[tʃ]

4）子音の挿入 (epenthesis)

　英語では、下記の例に見られるように鼻音と摩擦音が連鎖を作る場合、鼻音の後にそれと同じ調音点を持つ閉鎖子音が挿入されることがある。これは子音の挿入 (epenthesis of consonant) と呼ばれ、口蓋凡 (velum) が鼻音の調音で下がり、鼻腔に気流が流れるために生ずるものと考えられている。英語の単語の中には既に閉鎖音が入っているのもあり、例えば、人名で Thompson (Thom + son) などがある。[m] と [s] の間に [p] が入り、その [p] は通常の [p] に比べて閉鎖の時間が短いと考えられている。

something	sense	strength	warmth	length
[sʌmθɪŋ]	[sɛns]	[strɛŋθ]	[wɔrmθ]	[lɛŋθ]
↓	↓	↓	↓	↓
[sʌmpθɪŋ]	[sɛnts]	[strɛŋkθ]	[wɔrmpθ]	[lɛŋkθ]

5）語末での有声子音の脱落

　climb [klaɪm], sing [sɪŋ] などの例に見られるように、/-mb#/, /-ŋg#/ の連鎖では、現実の発音ではそれぞれ /b, g/ が脱落することが知られている。このことは、語末の環境において鼻音の後にくる有声子音は脱落する傾向があることを示している。/-nd#/ についても同様に /d/ の脱落が考えられるが、この形式は動詞の過去形としてよく現れ、/d/ の脱落は文法情報の欠如につながるため /-d/ が保持されている場合が多い。 learned, burned では /-nd#/ の形式が /-nt#/ に変わる傾向が見られ、こうした傾向を反映して綴り表記において learnt, burnt などの形式がよく見られる。NC#（N は鼻音、C は有声子音、＃は語境界）の環境において何故有声子音の脱落が見られるのかについて幾つかの取り扱いがだされているが、Raphael (1975) は先行する鼻音の長さが関与していることを述べ、有声子音の前にくる鼻音の持続時間は、無声子音の場合よりも長くなることを指摘している。

6）ふるえ音化

　英語の /t, d/ が母音間にきて、後にくる母音に強勢が置かれない場合、ふるえ音 [ɾ] になることがよく知られている。これは米語の発音でよく見

られ、米語を特徴づける現象であると考えられる。歯茎ふるえ音 (alveolar flap) または弾き音 (tap) と呼ばれ、幾人かの研究者によりその音声的特徴が調べられている。歯茎への接触時間は極めて短く、主に 25-30 ms 位と言われており、/d/ からのふるえ音と /t/ からのふるえ音の間には大きな差は見られないと言われている。[3]

writer　　city　　little　　butter　　heeding　　rider

さらに、get eggs, white elephant などの例に見られるように単語を超えてでも生ずることが知られている。

7）母音の長音化

英語の母音の長さは、幾つかの要因により影響されることが知られており、その要因の 1 つに、後にくる子音の有声性・無声性がある。一般に有声音の前にくる母音の長さは無声音のそれよりも長くなり、大体 10-20 ％ほど長くなることが知られている。[4] こうした後続する子音の有声性・無声性の違いによる長さへの影響は普遍的なものと考えられており、幾つかの言語について調べられている。

beat-bead　　writer-rider　　leaf-leave

8）母音の鼻音化

母音の鼻音化は、きわめて一般的な現象であり、英語およびその他の言語においてよく見いだされる。ただ、すべての母音が鼻音化の対象になるのではなく、低舌母音のほうが高舌母音よりも鼻音化しやすい。鼻音化は、口蓋帆を下げて鼻腔に気流を通過させることによって生ずるが、[æ] のような低舌母音では、口蓋帆が下降しやすい状態にあり、鼻音化が生じる口腔形状になっている。鼻音化には前にくる音声が後に影響を与えるか、または後にくる音声が前に影響を与えるかにより、順行同化と逆行同化の 2 つのタイプがあるが、後者のほうが一般的である。また母音と鼻音の後に摩擦音がくる場合に高い頻度で鼻音化が生ずる。例は、逆行同化を示す。

can't [kæ̃nt]　　canned [kæ̃nd]　　pan [pæ̃n]

14. 4　形態素レベルでの音声変化の規則性

1) 複数形接尾辞 –(e)s

複数形接尾辞 –(e)s /–z/ は、名詞の語末にくる子音タイプにより [s, z, ɪz] の 3 つの音声形式のいずれかで現れる。[s] と [z] は語末の子音の有声性・無声性によって決まり、前者は無声音、後者の有声音で生じる。他方、[ɪz] は語末に [s, z, tʃ, dʒ, ʃ, ʒ] がくる場合に生じる。

語末が無声音で終わる。　desks [s]　bats [s]　caps [s]

語末が有声音で終わる。　beads [z]　carbs [z]　bags [z]

語末が上記 6 子音で終わる。

places [ɪz]　patches [ɪz]　churches [ɪz]

2) 過去形接尾辞 –(e)d

過去形接尾辞 –(e)d を示す音声形式は、[t, d, ɪd] の 3 種類があり、それらは音声的に条件づけられている。動詞の語末子音が [t] 以外の無声子音で終わる場合は [t] になり、また [d] 以外の有声子音または母音で終わる場合には [d] になる。さらに、単語が [t, d] で終わる場合には [ɪd] になる。

語末が [t] 以外の無声音で終わる。

kicked [t]　　　passed [t]　　　watched [t]

語末が [d] 以外の有声音で終わる。

showed [d]　　　examined [d]　posed [d]

語末が [t,d] で終わる。

wanted [ɪd]　　　divide [ɪd]　　intruded [ɪd]

3) 母音交替

英語の話者は、divine-divinity などの対になった単語は形態論的に関連しているものと判断し、右側の単語は左側のそれに接尾辞 –ity が付加されたものと考える。これと同様に、combine-combination, cycle-cyclic などでは接尾辞 -tion,-ic が付加されたものと考える。これらの単語では、divine [dɪvaɪn]-divinity [dɪvɪnɪti] に見られるように、母音に相違が見られ、音韻論では母音交替 (vowel alternation) の適用の有無で説明される。これらの対では、それぞれ共通の母音 /i/ を持ち、divine では母音交替に i → aɪ

に変化し、他方、divinity では -ity の影響により、下線部 /i/ が弛緩化し、[ɪ] と具現化されたものと考えられる。各対の共通の母音としては、serene-serenity で /e/、profane-profanity では /æ/ が考えられている。

divine	–	divinity	serene	–	serenity	profane	–	profanity
combine	–	combination	meter	–	metric	explain	–	explanation
[ay]		[i]	[iy]		[e]	[ey]		[æ]

過去形、過去分詞形をつくるときの不規則変化についても、母音交替の1つと考えられ、一定の母音の変化として説明することができる。

sing [ɪ]	–	sang [æ]	–	sung [ʌ]		
ring [ɪ]	–	rang [æ]	–	rung [ʌ]		
sit [ɪ]	–	sat [æ]				
keep [i]	–	kept [ɛ]	sleep [i]	–	slept [ɛ]	
hide [aɪ]	–	hid [ɪ]	slide [aɪ]	–	slid [ɪ]	

4）軟口蓋音軟化 (Velar softening)

　下記の対になった単語は、互いに形態論的に関連しており、下線部分で [k]-[s] が交替している。この交替について、/k/ は形態素境界を持つ /+i/ の前にくる場合 [s] に交替し、その他の環境では [k] として現れる。

plastic	–	plasticity
[k]		[s]
periodic	–	periodicity
critic	–	criticism
medical	–	medicine

14. 5　音声変化の要因

14. 5. 1　音声変化の2つの要因

　音声変化は、共時的、通時的な2つの観点から考えられるが、その要因

についてはいくつかの点から考察することができる。変化の要因は、言語
自身に内在するものと、言語以外のものとに分けられ、前者が第一義的な
ものと考えられる。また、諸言語に共通し、多くの言語において高い頻度
で見いだされるものもあれば、一部の限られた範囲にしか見られない場合
もある。とくに、高い頻度で現れる音声変化について、その要因を考える
場合、調音器官の生理的な制限に基づく話し手の要因と、聴覚的な明瞭度
に基づく聴き手の要因とに分けられる。このように、要因が２つに分けら
れるとしても、これらは互いに関連しており、多くの音声現象の場合、い
ずれの要因によるものか判断しがたい場合が多い。

14. 5. 2　調音上の要因

　母音に関する変化の中で、鼻音化はきわめて一般的なものであり、広く
見いだされる。こうした現象であっても、すべての母音が鼻音化の対象に
なるのではなく、低舌母音のほうが高舌母音よりも鼻音化しやすい。鼻音
化は、口蓋帆を下げて鼻腔に気流を通過させることにより生ずるが、[a]
のような低舌母音では、口蓋帆は下降しやすい状態にあり、したがって、
鼻音化しやすい口腔形状になっている。口蓋凡の動きは、呼気流の速度が
速いと閉じる方向に動いて鼻音化を妨げるが、低舌母音では、口腔容積が
広くなるため速度は遅くなる。鼻音化の現象は音声的には同化
(assimilation) であるが、後ろに続く鼻音が前にくる母音を鼻音化する逆行
同化が一般的である。また母音と鼻音の連鎖の後に摩擦音がある場合に
は、より高い頻度で鼻音化が起こる。

14. 5. 3　知覚上の要因

　音声変化の要因には、調音上の要因のほか、音響上、知覚上の弁別に基
づくと考えられるものがある。音響上の要因は、フォルマント周波数や音
響エネルギーの分布する周波数などの近似性によるもので、これらは知覚
上の弁別性に影響を与える。具体的な例としては、英語において側音 [l]
が母音 [ʊ] に変化する場合があり、それは、次のような例に見いだされる。

　　　milk [milk] → [mɪʊk]　　　　　　film [fɪlm] → [fɪʊm]

Bill [bɪl] → [bɪʊ]　　　　　　-self [sɛlf] → [sɛʊf]

　こうした例にみられる [l] は、一般的に行われている明るい l [l] と暗い l [ɫ] との区別のうち後者に属するもので、調音的には、母音の後にくる [ɫ] は、後舌面が軟口蓋のほうにもち上げられることによって、[ʊ] に近い音声になるものと考えられる。他方、これらを音響的に検討する場合、つまり、[ʊ], [w], [l] のフォルマントを比較すると、これらはきわめて近似的な範囲に入ることが知られている。

　次に、語末にくる子音の無声化について考えてみたい。この変化もきわめて一般的なもので、閉鎖子音が対象になり、英語のほかドイツ語、フィンランド語などに見いだされる。調音的に無声子音と有声子音を検討する場合、声帯振動の有無の点から無声音のほうがより自然であると考えられ、また諸言語における分布からみても、無声音のほうが異音上の分布を含めてかなり多い。音声変化は、自然な分節素をつくり出す方向に進むことが考えられ、無声化もこうした方向にあるものと考えることができる。ただ、この変化を知覚上の観点から検討すると、語末の位置での聴き取りテストでは、無声音のほうが有声音よりも識別されやすい。語末の位置において、/p, t, k/ の誤認率は /b, d, g/ よりも低く、無声音のほうが有声音より正しく識別されていることが明らかにされている (Parker, 1981)。ほかの聴き取りテストにおいても、同様の傾向が示されており、音声の知覚の点から考えて、無声化は言語に内在する弁別上のプロセスの1つと考えることができる。

　さらに、音響上のデータの考察により、音韻論の問題の1つである音韻規則の適用順序などに関しても、客観的な裏付けを与えることができる。前述しているように、音声変化の要因を明確に調音上のものと音響上のものとに分けることは困難な場合があるが、こうした観点からの考察は、音声現象への理解を促す。

14. 6　弁別的素性

　音声の記述において、音素が1つの単位として使用されているが、音素がさらに小さい単位に分割され、属性を示す素性でもって表されることが

一般的に行われている。これらの単位は弁別的素性 (distinctive features) と呼ばれ、音韻論における基本的な単位として使用されている。音韻論において、音素は弁別的素性の束であると理解されており、素性による表示は言語学的に意義のある一般化を達成する手段として重要視されている。素性による記述の例として、英語の /p/ は調音的には両唇の位置に閉鎖があり、呼気はそこで一時的に遮断され、声帯振動を伴わないなどが挙げられる。こうした特徴に基づいて /p/ を表記すると、次のようになる。

　/p/　　［＋子音性、＋前方性、－舌頂性、－継続性、－有声性］

　上述しているように、弁別的素性は音韻論における記述上の単位であり、素性の種類、数および記述上の意義などについて議論が行われている。こうした議論の中で弁別的素性の機能について、一般的に次のように述べられている。

1) 弁別的素性は、音声理論の中において言語音を音韻上・異音上のレベルで明確記述するものでなければならない。（記述機能）音声の記述においては、具体的な声として表出される音声レベルと抽象的な音韻レベルの2つが考えられており、素性はこれら2つのレベルにおいて記述する機能を有することが求められる。
2) 弁別的素性は、特定言語において文字通り弁別機能を持たなければならない。下記のように、4つの音声単位が＋，－に基づく2つの素性 X, Y で表示される場合、これらの単位は次のように弁別される。

音声単位	A	B	C	D
素性 X	＋X	＋X	－X	－X
素性 Y	＋Y	－Y	＋Y	－Y

3) 弁別的素性は、音韻現象における一般化を達成する機能を有し、類似の現象を示す音声単位を他のものから分類する分類機能を持たなければならない。例えば、英語の複数接尾辞は3通りの発音を持つが、このうち [-iz] は /s, z, ʃ, ʒ, tʃ, dʒ/ が語末にくる場合に生じ、これらの6つの音声単位

の間には粗擦性という共通した特性が見いだされる。

　このような観点から素性の機能が検討されており、音韻論、特に生成音韻論の初期モデルでは、Jakobson, et al. (1963) の音響的特徴に基づく素性が使用された。これらは、各音声単位のスペクトログラム上での音響的特徴を検討し、12 個の素性でもって音声を記述するものである。この方法では、母音と子音を同じ素性でもって記述できること、＋または－の二項対立でもって表示されること、さらに素性の数を限定しているなどの特徴があるが、ほかの言語を検討するに従って幾つかの問題が指摘された。こうした問題点の詳細は Chomsky and Halle (1968)(SPE) に述べられているが、主として音響的特徴に基づく素性のみでは諸言語の音声現象の記述には不十分であることによる。また母音と子音という異なった音声グループに属すものを同一の素性で規定することが音声事実を必ずしも正しく反映していないという問題点もある。こうした問題を考慮し、SPE では音響的特徴のほかに調音的特徴も取り入れられ、また素性の数も音声現象の説明に必要なだけ入れ、新しい素性体系を提唱している。音声の主要分類に関する素性、調音点に関する素性、調音法に関する素性および舌の状態に関する素性などかなりの数のものが出され、一般に広く使用されている。これらの素性体系は、図 14.1 のように示される。

　この弁別的素性は、広く音声現象の説明に使用されているが、やはり幾つか問題点が指摘されている。個々の素性の妥当性に関し、諸言語の音声現象に照らし不適切なものがあることが指摘されている。例えば、前方性 (anterior) は調音点を分割するものであるが、音声変化の諸例から判断して、両唇音と歯茎音に同一の表示を与えることは適切でないことが指摘されている。また SPE の子音性 (consonantal) の表示は一部の分節素（/h/ など）では不適切であることが指摘されている (Hawkins, 1984)。このため、個々の素性の妥当性は、音声現象、幼児による言語習得および通時変化などのデータに照らして判断することが必要である。一般的に SPE の素性表示名が諸言語の記述に使用されることがあるが、個別言語の音声的な特性を十分に考慮することが必要である。SPE 以後、改善のための幾つかの試みが成されており、Ladefoged (1971) は、調音上の特徴よりも生理的特

	i	e	æ	ʌ	o	u	p	b	t	d	k	g	f	v	θ
母音性 (voc)	+	+	+	+	+	+	−	−	−	−	−	−	−	−	−
子音性 (cons)	−	−	−	−	−	−	+	+	+	+	+	+	+	+	+
高舌性 (high)	+	−	−	−	−	+	−	−	−	−	+	+	−	−	−
後舌性 (back)	−	−	−	+	+	+	−	−	−	−	+	+	−	−	−
低舌性 (low)	−	−	+	−	−	−									
前方性 (ant)	−	−	−	−	−	−	+	+	+	+	−	−	+	+	+
舌頂性 (cor)	−	−	−	−	−	−	−	−	+	+	−	−	−	−	+
円唇性 (round)	−	−	−	−	+	+					−	−			
緊張性 (tense)	−	−	−	−	−	−									
有声性 (voice)							−	+	−	+	−	+	−	+	−
継続性 (cont)							−	−	−	−	−	−	+	+	+
鼻音性 (nasal)							−	−	−	−	−	−	−	−	−
粗擦性 (strid)							−	−	−	−	−	−	+	+	−

	ð	s	z	ʃ	ʒ	tʃ	dʒ	m	n	ŋ	l	r	y	w	h
母音性 (voc)	−	−	−	−	−	−	−	−	−	−	+	+	−	−	−
子音性 (cons)	+	+	+	+	+	+	+	+	+	+	+	+	−	−	−
高舌性 (high)	−	−	−	+	+	+	+	−	−	+	−	−	+	+	−
後舌性 (back)	−	−	−	−	−	−	−	−	−	+	−	−	+	+	−
低舌性 (low)	−	−	−	−	−	−	−	−	−	−	−	−	−	−	+
前方性 (ant)	+	+	−	−	−	−	−	+	+	−	+	−	−	−	−
舌頂性 (cor)	+	+	+	+	+	+	+	−	+	−	+	+	−	−	−
円唇性 (round)													−	+	−
緊張性 (tense)													−	−	−
有声性 (voice)	+	−	+	−	+	−	+	+	+	+	+	+			−
継続性 (cont)	+	+	+	+	+	−	−	−	−	−	+	+			+
鼻音性 (nasal)	−	−	−	−	−	−	−	+	+	+	−	−			−
粗擦性 (strid)	−	+	+	+	+	+	+	−	−	−	−				−

図 14.1　英語における分節素の弁別的素性 (Chomsky and Halle, pp.176-177)

徴を考慮した素性を提唱し、また＋，−の二項対立以外にも多項対立の素性を含めることを述べている。ただ、こうした試みが成されていても、広く利用されるまでには至っていない。今後の研究においては、個々の音声現象を考慮し、調音上、音響上および聴覚上の幾つかの観点より素性体系の妥当性を高める必要がある。

14. 7　最適性理論

　最適性理論 (optimality theory) は、1990 年代前半に台頭した考え方で、その後の音韻論研究の主要な流れになっている。基本的な考え方として、人間はさまざまな情報の処理において、心理的に幾つかの考えの中から適切と判断される方法を選択することが知られている。こうした考え方に沿って、音韻論の研究においても、幾つかの仮説（制約）を出し、それぞれの制約に対して最も適切な形式を選択することにより人間に内在する言語能力を説明しようとするもので、制約の種類と制約間の関わりが意義をもつ。つまり、従来までの音韻論の考えが規則の形で捉えようとするのに対し、文法は制約の集まったものとする考えによっている。また、制約間の相互作用はランキングによって決まり、ランクの高さにより効率性を判断する。換言すれば、ランクの高い制約に違反すれば、効率は低いものとなり、最も効率のよい解答が最適解となる。

　具体的に、英語における閉鎖子音 /p, t, k/ の語頭での帯気性について考える。先ず、制約として、Hammond (1999) を参照しながら、以下のことを考えることができる。

制約：Asp（帯気化）‐ 語頭の閉鎖子音は帯気しなければならない。

pie /paɪ/　可能な音声形式として、[pʰaɪ]、[paɪ] の 2 つが考えられる。[5]

入力形 /pai/	Asp
→ [pʰaɪ]	
[paɪ]	*

　発音の可能性として、2 つの音声形式が考えられるが、「語頭の閉鎖子音は帯気しなければならない」という制約の従い、[pʰaɪ] が選ばれ、矢印→で示す。[paɪ] は制約に違反しているので、＊印が付与される。制約に違反しているものは、最適解として選ばれない。

　次に、spy ではどのように考えたらよいだろうか。[spaɪ], *[spʰaɪ] の 2 つの音声形式が考えられ、次の制約により *[spʰaɪ] の形式は排除されなければならない。このため、更なる制約として「s の後にくる子音は、帯気化

しない」という非帯気化 (Antiaspiration constraint, Antiasp) を設ける必要が
ある。これを設けることにより、[spaɪ] は以下のような表（タブロー、
Tableau）で説明され、[spaɪ] が選ばれる。

spy の分析

/spaɪ/	Asp	Antiasp
[spʰaɪ]		*
→ 　[spaɪ]		

　これらの分析で、帯気化についてはかなり説明ができることになるが、
問題として（1）非帯気化の制約は、帯気化の負のサイドから出てきたも
のである、（2）こうした制約は、音韻派生において一般性が欠如してい
る、と言わざるを得ない。このため、非帯気化の制約をなくすため、出力
形（派生形）は、できるだけ入力形と一致するという忠実性制約 (Faith
constraint) を設ける必要がある。

pie [paɪ] の分析

右端がより低い度合いの制約

/paɪ/	Asp	Faith
→ 　[pʰaɪ]		*
[paɪ]	*!	

　上記より、[paɪ] は帯気性制約で違反し、忠実性制約への違反が無関係
であることを示している。また制約の記述順序は、帯気性、忠実性と並
び、右端の制約がより低い度合いの制約であることを示し、上位の制約で
違反しているものには！が付与されている。換言すれば、より上位の帯気
性に違反しているため、下位の忠実性の違反は無関係となり、このことは
セルの塗りつぶしで示される。

spy の分析

/spaɪ/	Asp	Faith
[spʰaɪ]		*!
→ 　[spaɪ]		

　上記では忠実性制約で違反が見られ、帯気性制約では違反は見られない。非帯気化か忠実性のいずれの制約を使用するかは記述の妥当性を検討する上で重要であり、忠実性制約の使用がより妥当なものと考えられている。第1の理由に、忠実性制約は帯気性制約と何ら関係がない、次に、忠実性制約は、入力形の安定形 (Inertia) を反映したものと考えることができる。こうした点より、各制約は、ランキングによる重要性の関係を通して相関していることがわかる。

注

1）　音素の設定方法の議論に関しては、『言語学を学ぶ人のために』第3章を参照。

2）　Roach (2009) *English Phonetics and Phonology*, p.98 参照。

3）　Zue and Laferriere(1979) "Acoustic study of medial /t, d/ in American English" pp.1043-1044 参照。

4）　Klatt (1976) "Linguistic uses of segmental duration in English: Acoustic and perceptual evidence" 参照。

5）　Hammond (1999) では pie の発音表記を [pʰay] としているが、本書では辞書の表記を参照にして [pʰaɪ] とする。

第 15 章　国際共通語としての英語

第 15 章　国際共通語としての英語

15．1　国際社会における英語

　英語は、現在、国際社会において広く使用されており、世界におけるコミュニケーションの手段として広く認識されている。英語を母語とする人々の数は、イギリス、アメリカ、カナダ、オーストラリアなどを中心にして約 4 億人 (Crystal, 2010) と推定されており、他方、英語を外国語としてコミュニケーションの手段に用いている人々は欧州、アジアを中心に非常に多く、英語の母語話者の数を大きく上回ることが考えられる。私たちが英語を学ぶ場合、一般的に外国語としての英語 (English as a foreign language, EFL)、または第二言語としての英語 (English as a second language, ESL) と言われ、これらについては専門家の間で用語上の区別はされているが、最近では国際共通語としての英語 (English as a lingua franca, ELF) と呼ばれることが多い。こうした状況は、国際的なビジネスにおいて、母語話者、非母語話者との区別を問わず英語が広く使用されており、英語は英米語圏の言葉というより、世界で使用できる言語として確立されてきている。現実に日本人のビジネスマンが韓国または中国で商取引を行う場合、韓国語または中国語を用いるより、多くの場合は英語を交渉の言語に用いる。こうした状況は日常茶飯事であり、英語は今や非母語話者間のコミュニケーションの道具になっていると言える。こうした共通語としての英語について、文法、音声および意味を中心に幅広く検討が成されている。本章では、こうした国際共通語としての英語について考察する。

15．2　英語の多様性

　上述しているように、英語は、現在、国際コミュニケーションの場で広く話され、英語の母語話者以外の多くの人々により使用されている。英語

の母語話者は、欧州、北米およびオセアニアなどを中心にかなり広い地域に居住し、使用する言語も英語、米語、オーストラリア英語などを始めてとして多種多様な形の英語が話されている。その多様性は、言語の構造である文法、意味および音声などに顕著に表れており、それらに関する研究もかなり行われている。

　日本の学校教育では、こうした英語そのものの多様性を踏まえてはいるが、教育の内容そのものは米語 (General American, GA) または容認発音の英語 (Received Pronunciation, RP) を中心にしたものと言える。そうした教育を受けた者が、英国の北部であるスコットランドを訪問し、そこの町中で耳にする英語は今まで学んだ英語とはかなり異なったものであることに気づき、十分に理解できないことがよく指摘されている。同様なことは、スコットランドの英語のみならず、オセアニア地域のオーストラリアを訪問したときにも経験し、学校教育の英語がそうした地域で話されている英語と大きく異なっていることを認識する。こうした地域の英語への理解が十分でないところから、学んできた英語に自信を失うということもあり、教育上の問題になることもある。

　世界に広く分布している英語が、地域的な特徴を反映し、学校教育のモデルと考えられている英国または米国の英語とかなり異なることは十分に考えられる。こうした英語の多様性を Englishes または varieties of English と表現することが多いが、前者の場合は、それぞれ自立した英語を指し、後者の場合は中核的なものが存在する英語からさまざまな形の英語が現れていることを示している。これに関連し、Kachru, et al. (2009) は、Bolton を引用し、次のように述べている。

The term "Englishes," Bolton argues, "emphasizes the autonomy and plurality of English languages worldwide." As opposed to this, "the phrase 'varieties of English' suggests heteronomy of such varieties to the common core of 'English'." (Kachru, et al. 2009, p.4)

　言語は、その話し手によりさまざまに変化することがよく知られている。音声、単語および文法などの諸領域において多様に変化する。地域的な要因、世代間による違い、社会的な要因によるものなど、多種多様な要

因により異なった変化をとる。英語そのものもこうした諸要因により多様
な形式を示しており、さまざまな観点から調査がなされている。Kachru
(1996) は、英語を母語とするか、第二言語または外国語として学習するか
により内円 (inner circle)、外円 (outer circle) および拡大円 (expanding circle)
に分けたが、それぞれの円に属する英語は、さまざまなものが存在し、複
雑な様相を呈していることが考えられる。

　最近ではさまざまな学術論文の記述に 'Englishes' という用語がよく使用さ
れており、BBC English や General American とならび、Singapore English、
Scottish English などの用語が使用され、特定の国または地域を反映した英
語が使用されている。Englishes と言う場合、国と地域を反映した英語とな
り、多種類の英語が存在していることを示している。英語の種類を考える
場合、それぞれの地域を反映した方言も考えられるが、方言は特定の国ま
たは地域内での変化を示しているが、方言と考えられる英語と Englishes の
中に入る英語との区別は難しい。

　世界の各地で使用されている英語が、なぜそうした多種類の形になった
のかについて、幾つかの議論がなされている。最も大きな要因は、英語を
母語とする英国の歴史に依存していると考えることができる。英国の歴史
を紐解いてみれば、1707 年にスコットランドを併合して以来、国力を増
し、7 つの海を制覇すると言われるくらい大きな影響力を有し、世界の各
地に植民地を形成してきた。その範囲は、新大陸への移住をはじめとし
て、中東、アジア、オセアニア、南米へと広げ、各地にその影響力を及ぼ
してきた。こうした拡大に伴い、1700 年頃の約 500 万人の英語人口が
1800 年頃にはその倍となり、産業の発展と植民地への影響力の増大に大
きく貢献したことが考えられる。ただ、アメリカ大陸への移住について、
北米を中心に考えるならば、その北部と南部では移住の状況は大きく異
なっている。北部では主に宗教的な自由を求めてメイフラワー号などに乗
船し移住してきた人々が多いのに対し、南部では主にアフリカから多くの
奴隷が農業、特に綿花の栽培のために連れてこられている。こうした奴隷
労働者の数は非常に多く、彼らとの言語接触を通して英語の形に影響が及
ぼされたことが考えられる。一般的に本国と移住先との英語の形式には時
間的なずれが生じ、移住先の英語は本国よりもかなり古い形を保持してい

たことが予測される。例えば、米国バージニア州には英国ロンドン地区からの移住者が多く、この地域では母音の後にくる /r/ は発音されていたが、その後、消失したことが明らかにされている。この /r/ の消失はイギリス英語ではよく見られる現象であるが、米国では保持されており、英語と米語を区別するひとつの特徴になっている。当然のことながら、文法面でも米語では古い形が使用されることが知られており、米語で Has he gotten the mail yet? という古い形が使用されているのに対し、英国では Has he got the mail? という形になっている (W. Wolfram and N. Schilling, 2016)。

　南北アメリカ大陸への移住を皮切りに、欧州からの移住者は拡大し、英語圏のみならず、フランス語圏、スペイン語圏の人々も数多く新大陸に出かけた。新大陸の発見とともに、船乗り、農工業者、貿易業者、軍人および宣教師などが世界各地に移動し、各地にそれぞれの社会的・文化的な影響を与えるとともに、言語面でも大きな影響を与えた。そうした人々の移動は、言語間の接触をもたらし、相互に影響を及ぼしたことが考えられる。英語そのものが使用される場合、現地の言語と混合した形のものを作り上げたり、また現地語の中に入り込んでいったりした。言語接触の過程において混成語であるピジンとかクレオールなどが生じ、英語は当地の言語の影響を受け、多様な形を呈することになった。

　上述しているように、英語の共通語性について、その歴史的な展開を中心に述べてきたが、それらに対する主要な要因は、英米語圏のもつ政治・経済的な面での国際社会への影響、教育上および実務上の理由などを挙げることができる。また、英語という言語そのものに内在する要因も指摘されており、文法面での簡素性とか活用における語形変化が少ないなどの理由が挙げられている (Howard, 1984)。ただ、こうした言語に内在する要因は、一部の文献で取り上げられているが、主要なものと考えることは難しい。共通語性の要因は、言語を使用する国々の国際社会における総合的な力と言語のもつ機能、換言すればコミュニケーション力と文化を伝える力に大きく依存する。

15.3　多様性の要因

　英語の多様性は、一体どこからくるのか。話し手自身は、自分自身の言

語がさまざまな状況により変化し、文法的にも音声的にも変化することを
理解している。また、話者間で話をしている場合でも、さまざまな形に変
化することが考えられる。こうした多様性の要因について、以下のように
考えられる。

1）地域的要因
　英語の発音について、地域的にいろいろ異なっていることは広く知られ
ており、世代間、性別および地域的な諸要因により変化する。例えば、/l/
について、通常の RP（容認発音）では milk は [mɪʊɫk] であるが、英国南
部（Essex から Hampshire の地域）では [l] が失われ [mɪʊk] になり、同じ
地域では母音間の /t/ が butter [bʌtə] が [bʌʔə] のように声門閉鎖音に変化
することが知られている (Hogg, R., 2006)。さらに、米語については、
ニューイングランドから五大湖を中心にした米国北東部が標準的な発音と
みなされている。地域的な発音の差異はよく指摘されており、こうした地
域では、dance, glass などでは /aː/ ではなく米語に標準的な母音 /æ/ が使用
される。また南部では bit [bɪt] が [bɪət] になることが知られている。さら
に、time [taɪm] の二重母音が単一化し、[taːm] になることも述べられてい
る。(Schneider, E. W., 2009)。
　こうした地域による音声的変化があったとしても、多くの人々は同じ音
声が変化したものと考え、それらに違和感を覚えない。1 つの音声が各地
域により、いろいろな形式で現れたとしても、多くは方言上の変化と捉え
られ、特定の地域または国を代表する変化とは考えない。

2）歴史的要因
　言語は、歴史的な発展のなかで変化することはよく理解されており、時
代の移り変わりとともに変化する。英語の歴史は、大きく古期英語、中期
英語および現代英語（1400 年以降）に大きく分類されており、発音など
は歴史の変遷の中で大きく変わっていった。例えば、Father について、中
期英語 (1066-1400) では fader の下線部は [d] のように発音されていたが、
現代英語では [ð] のように摩擦音となることが知られている。言語の歴史
は、人の歴史を反映したものであり、中期英語では、イギリスはフランス

からの侵入を受け、フランス語からの影響を受けた。現代英語のなかには
bureau, vague などの数多くの単語がフランス語から入っている。現在のブ
リテン島は、近隣諸国や北欧からの侵略を繰り返し受けており、そうした
なかで英語が大きな変貌を遂げていったことは十分考えられる。

3) 個人の性差・年齢差

　言語の変化の要因として、性別による相違とか年齢による相違が挙げら
れる。言語によっては性別による差が顕著に出る場合とあまり出ない場合
があることが考えられる。英語に性差があることが知られているが、国際
共通語としての英語にはそれほど大きな相違はない。

4) 社会的要因

　言語は、職業とか身分の関係により、変化することが知られている。厳
しい規律が求められる兵役に携わっている人々はその社会でしか使用しな
い言語を習得するし、また社会的な身分の違いにより敬語の使用などが異
なり、変化することが考えられる。身分の上下関係により、日頃使用して
いる言葉を変化させることは日常よく見られ、珍しいことではない。

5) 英語音声の多様性

　言語の音声がさまざまな要因により変化することはよく見られ、特定の
地域、国を対象として考えることができる。英語と米語の違いなどにおい
てよく指摘される問題は、/t/, /d/ について英語では完全な閉鎖音として発
音されるが、米語ではふるえ音化されて /ɾ/ になることが多く、米語の特
徴の 1 つになっている。このふるえ音について、Honeybone (2011) では地
域的な分布について、次のように説明している。

Betty の発音についての変化

	米語	ロンドン英語	リバプール英語
基底形	/bɛti/	/bɛti/	/bɛti/
弾音化	bɛɾi	---	---
声門閉鎖化	---	bɛʔi	---
軟化	---	---	bɛθi
表層形式	[bɛɾi]	[bɛʔi]	[bɛθi]

(Honeybone 2011:160)

　上記は地域により、/t/ 音が幾つかの形式で現れることを示している。
抽象的な基底形としては全て同じ /bɛti/ であるが、これに適用される音韻
規則の違いにより、こうした異なった音声形式が現れる。地域的な変移を
考える場合、規則の適用順序であるとか、基底形の抽象度をいかに考える
かが重要となる。上記より、地域による音声形式の違いは、どのような規
則が如何なる順序で適用されるかによると考えられる。

　このほか、母音に後続する /r/ は巻き舌化 (rhotacization) として知られ、
1 つの音声のように聞こえることが知られている。これは米語を特徴づけ
る発音であり、イギリス英語ではあまり見られない。/r/ の音声が後続し、
2 つの音声と考えられるが、実際の発音ではまとまったようになり、1 つ
の記号で示される。

　英語発音の変異、または多様性は各地の英語で見いだされ、隣接する言
語との接触を通して規範的と考えられる英語はさまざまな形に変化した。
英国の北部にあるスコットランドでは、現在でも night, fight, though など
の単語が nicht, ficht, thocht のように発音記号 /x/ が使用されている。さら
に、where, when, whale などの単語では規範的な英語に見いだされる発音
と異なり、/hw/ が使用されている。このため、whales, Wales の区別はなく
なり、同じように発音されている。スコットランドの方言は、エディンバ
ラ、グラスゴーを中心にスコットランド英語 (Central Scottish) が使用さ
れ、アバディーンを中心にした地域では北スコットランド英語 (Northern
Scottish) が使用されており、狭い地域ではあるが、ゲール語の影響もあ
り、多様な音声形式が現れている。このように英語の発音は、その地域の

言語接触の結果、さまざまな形式を伴って現れた。

15. 4 英語の共通語性

　英語が国際語と言われて久しい。英語は、現在、世界の共通語として広く使用されており、その地位には揺るぎないものがある。世界の多くの地域において、英語の共通語性は顕著なものであるが、こうした傾向はどのような問題点を内包しているのであろうか。本節ではこうした点を中心に考察してみたい。

　特定の言語、ここでは英語、その共通語性が多くの地域で際立ってくれば、その反動としてそれぞれの地域における固有の言語が徐々に衰退していくことが予測される。動物の世界において、絶滅危惧種という部類が設けられ、一部の動物の絶滅を防ぐための運動がなされていることが知られている。これと同様に、言語においても消滅の危機にあるもの (endangered languages) があり、保護される必要性が声高に叫ばれている。よく知られている例は、樺太とか北海道で話されていたアイヌ語であり、現在ではほぼ話者を見いだすことが難しい。また台湾を含むアジアの多くの地域において、原住民の言語が消滅の危機にあると言われている。こうした消滅する言語の背景には、言語の共通語化があり、その傾向が強まれば社会にさまざまな問題を呈することが考えられる。欧州においても、各地域の少数言語を保護し、維持するための幾つかの対策がとられており、注目されている。欧州では EU (欧州共同体) を中心に統一を強く維持しようとする一方、多文化および少数言語の保護が叫ばれている。このことは、地域言語または少数言語の保護育成が、欧州の独自性と多様性の維持に貢献するものと考えられている。

　また、英語が国際共通語として広く使用されていることについて、中国語、ヒンディー語およびロシア語などの話者は如何に感じているだろうか。これらの言語の母語話者はかなり多いが、こうした言語の社会では、英語を学ぶことができる人々とそうでない人々の間で経済面を含むさまざまな格差が生じていると考えられる。特定言語の共通語性が強まれば、それぞれの地域で社会不安を引き起こすおそれがある。こうした傾向がより強まれば、英語を母語とする国または民族による言語の支配が芽生えてく

る可能性を排除できない。

　さらに、当然のことながら、言語の共通語化が進めば、それぞれの地域における言語の文化的な特質が失われることに危惧がある。例えば、エスキモー語では、雪の状態に対して少なくとも15通り以上の表現があるが、英語では限られており、言語とか文化の多様性が否定されることになるのではないだろうか。一般的にサピア・ウォルフの仮説 (Sapir-Whorf hypothesis) として知られ、言語が思考を支配すると理解されているが、共通語化は人々の思考と行動の多様性を否定することになる恐れがある。

　もちろん、言語、ここでは英語の共通語性は多くの利点を有するものではあるが、そのことがもたらす人々の間での格差とか文化の多様性の喪失に配慮することが求められる。また、いかにそうした配慮をするかということが私たちに問われている。

15．5　国際共通語としての発音のモデルについて

　英語が国際的に使用されるようになり、様々なタイプの発音が聞かれるようになった現在、英語教育における発音のモデルはどうあるべきか、こうした点についての議論がなされている。

　Gimson (1978) は容認発音 (Received Pronunciation) を簡素化し、外国人にとって最低限必要な発音の体系を人工的に生み出し、これを「基本国際発音」(Rudimentary International Pronunciation, RIP) と称した。この発音体系は外国人にとって学びやすく、母語話者にも理解され、母語話者が話す発音を理解させることを目指している。この体系では RP の24の子音を14に、20の母音を16に簡略化している。例えば、子音については無声音と有声音の対立をなくしてすべて無声音とし、母音については短母音の多くをシュワー（音声記号 [ə]）に変え、また二重母音を長母音に変えている。

　さらに、Jenkins (2001) は、現代の世界では英語が国際的なコミュニケーションに使用されているが、英語母語話者同士や彼らと非英語母語話者間のみばかりでなく、そうした非母語話者間でも英語を使用する機会が非常に多いことを指摘している。このような状況では、従来のような母語話者が使用する英語をモデルとする指導法を見直すべきだとしている。Jenkins は、非英語母語話者が英語を学ぶ目的が、母語話者とのコミュニケーショ

ンのみならず非母語話者間のみでのコミュニケーションへと変わりつつあ
ると主張している。即ち英語を外国語としてではなく、国際語として学ぶ
ことが重要であり、母語話者の英語を教育上のモデルとすることへの意味
が薄れてきているとしている。

　こうした点より、ELFの教育では、発音に関しても非母語話者に理解
されることが重要であり、母語話者の発音にできるだけ近づくことを目標
とする必要はないとしている。従来、学習者の発音に母語話者とは異なる
特徴が見られた場合、それは発音上の誤り (error) とされたが、ELF の教
育では、それが非母語話者とのコミュニケーション上支障となるのであれ
ば矯正し、そうでない限りそれは学習者の母語の特徴が現われたものであ
り、特徴（アイデンティティー）の表れとして敢えて矯正する必要はない
としている。非母語話者間のコミュニケーションにおいて、どのような発
音が支障となり、またどのようなものが支障とならないかを導き出すため
に、Jenkins は非母語話者間のコミュニケーションのデータを集め、検証
している。

　ここで問題となるのは、国際共通語としての英語について、その発音は
どの程度の内容であればよいのかということになる。前述しているよう
に、英語は、現在、非母語話者間の国際コミュニケーションにおいて頻繁
に使用されており、その基本は互いに理解できる発音レベルでなければな
らないということになる。つまり、諸言語の話者間において理解性
(intelligibility) が保たれることが重要となる。英語の母語話者とのコミュ
ニケーションでは、すなわち外国語としての英語 (EFL) の場合は、母語話
者との意思疎通に必要な条件が満たされなければならないが、国際共通語
としての英語 (ELF) では非母語話者間での意思疎通ができるレベルの英
語と言える。諸言語の話者間において、「理解性」には発音以外の言語的
な諸要因が関与するが、発音レベルに関して言えば、どのような水準なの
であろうか。これについて、Jenkins, J. (2008) は、ELF の英語の音声的な
条件として、英語の子音については、/θ/, /ð/, /ɫ/ を除く全ての子音を学習
する必要があること、さらに /p/, /t/, /k/ では語頭では帯気 (aspiration) を伴
うことが必要であることなどを述べている。また英語の子音連鎖について
は、語頭と語中では学習が必要であるが、語尾では特に言及していない。

さらに、英語の母音については、長短の違いの学習は必要であるが、弱化母音の学習は理解度の向上に役立たないことも述べている。そのほか語強勢とかピッチの変化にも言及しているが、教授指導が容易でないとか母語話者の態度に対して誤って伝わる可能性があることなどを指摘している。Jenkins, J. (2008) のこうした見解については、さらに経験的なデータの積み重ねが求められるが、英語の学習者としては ELF への音声的な諸条件には実証的な考察が求められる。

　上述しているように、Jenkins, J. (2008) は ELF の英語では /p, t, k/ は帯気性を伴うことが必要であることを述べている。アジア諸言語の話者の英語について、かれらの英語の /p, t, k/ について、その帯気性を調べてみると、表 15.1 のように示すことができる。帯気性は、声帯振動の開始時間 (Voice Onset Time, VOT) に示され、その値が大きければ帯気性が強いと言われ、数多くの言語について調査されている。

表 15.1　アジア 3 言語話者が発話する英語 /p, t, k/ の VOT 平均値 (ms)

	英語	中国人英語	韓国人英語	タイ人英語
/p/	82.5	76	64	74
/t/	84	65	67	91
/k/	71	93	84	94

英語の数値は Kopczyński (1977)、アジア三言語話者の数値は Shimizu (2011) からであり、三言語の話者が英語を外国語として発音する場合、帯気性を伴って発音していることがわかる。中国語、韓国語およびタイ語の音素目録には帯気性の強い無声子音をそれぞれ有しているが、かれらが英語を使用する場合にはそれぞれの言語の無声子音を調整し、発音していることが窺える。こうした点より、Jenkins, J. (2008) の主張は妥当なものと言うことができる。

参考文献

Behrens, S.J. and Blumstein, S.E. (1988) "Acoustic characteristics of English voiceless fricatives: a descriptive study," *J. of Phonetics* 16, 295-298.

Best, C. (1995) "A direct realist view of cross-language speech perception," *Speech Perception and Linguistic Experience* ed. by W. Strange, 171-206.

Bloomfield, L. (1935) *Language*, George Allen & Unwin Ltd.

Blumstein, S.E. and Stevens, K.N. (1980) "Perceptual invariance and onset spectra for stop consonants in different vowel environments," *J.Acoust. Soc.Am.* 67, 648-662.

Bolinger, D.L. (1964) "Intonation as a universal,"*Proceedings of the Ninth International Congress of Linguists*, 833-848.

Bot, K. de (1983) "Visual feedback of intonation 1: Effectiveness and induced practice behavior," *Language and Speech*, 26(4), 331-349.

Catford, J.C. (1977) *Fundamental Problems in Phonetics*, Edinburgh University Press.

Celce-Murcia, M. et al.(1997) *Teaching Pronunciation: A Reference for Teachers of English to Speakers of Other Languages*, Cambridge Univ. Press.

Chen, M. (1970) "Vowel length variation as a function of the voicing of the consonant environment," *Phonetica* 22, 129-159.

Chomsky, N. and Halle, M. (1968) *The Sound Pattern of English*, Harper and Row.

Crystal, D. (2010) *The Cambridge Encyclopedia of Language* (Third Edition) Cambridge University Press.

Dauer, R.M. (1983) "Stress-timing and syllable-timing," *J. of Phonetics* 11, 51-62.

Dauer, R.M. (1993) *Accurate English: A Complete Course in Pronunciation*. New Jersey: Prentice Hall Regents.

Derwing, T.M. and Munro, M.J. (2015) *Pronunciation Fundamentals*, John

Benjamins Publishing Co.

Eckman, F.R. (1981) "On the naturalness of interlanguage phonological rules," *Language Learning* 31(1), 195-216.

Ellis, R. (1994) *The Study of Second Language Acquisition*, Oxford University Press.

Fant, G. (1982) "Preliminaries to analysis of the human vocal source," *Speech Transmission Laboratory Quarterly Progress and Status Report* 4, Royal Institute of Technology, Stockholm, 1-27.

Flege, J.E. (1987) "The production of 'new' and 'similar' phones in a foreign language: Evidence for the effect of equivalence classification", *J.Phonetics*, 15, 47-65.

Flege, J.E. (1995) "Second language speech learning: Theory, findings, and problems," *Speech Perception and Linguistic Experience* ed. by W. Strange, 233-272.

Flege, J.E. and Eefting, W. (1987) "Production and perception of English stops by native Spanish speakers," *J.Phonetics* 15, 67-83.

Flege, J.E. and Hillenbrand, J. (1984) "Limits on phonetic accuracy in foreign language speech production," *J.Acoust. Soc.Am.* 76(3), 708-721.

Fujimura, O. (1962) "Analysis of nasal consonants," reproduced in *Reading in Acoustic Phonetics* ed. by I. Lehiste, 1967, The MIT Press, 238-248.

Gimson, A.C. (1978) "Towards an international pronunciation of English," In honour of A. S. Hornby, ed. by J. Brown, Oxford University Press, 45-53.

Hammond, M.(1999) *The Phonology of English*, Oxford University Press.

Hancock, M. (2003) *English Pronunciation in Use*, Cambridge Univ. Press.

Halle, M. Hughes, G.W. and Radley, J.-PA. (1957) "Acoustic properties of stop consonants," reproduced in *Reading in Acoustic Phonetics* ed. by I. Lehiste, 1967, The MIT Press, 170-179.

Hawkins, P. (1984), *Introducing Phonology*, Hutchinson & Son.

Hirahara, T. and Yamada, A.R. (2004) "Acoustic Characteristics of Japanese

Vowels," *Proceedings of ICA*, 3287-3290.

Hogg, R. (2006) "English in Britain," *A History of the English Language*, ed. by Hogg, R. and Denison, D., Cambridge University Press, 352-383.

Honeybone, P. (2011) "Variation and linguistic theory," *Analyzing Variation in English* ed. by W. Maguire and A. McMahon, Cambridge, 151-177.

House, A.S. and Fairbanks, G. (1953). "The influence of consonant environment upon the secondary acoustical characteristics of vowels," *J. Acoust. Soc. Am.* 25, 268-277.

Howard, P. (1987) *The State of the Language*, edited by Y. Ishikawa, 篠崎書林.

Jakobson, R., Fant, G. and Halle, M. (1963) *Preliminaries to Speech Analysis: the Distinctive Features and their Correlates*, The MIT Press.

Jenkins, J. (2001) *The Phonology of English as an International Language*, Oxford University Press.

Jenkins, J. (2008) "Misinterpretation, bias, and resistance to change: The case of the lingua franca core," *English Pronunciation Models: A Changing Scene*, ed. by K. Dziubalska-Kołaczyk and J. Presedlacka, Peter Lang, 199-210.

Jones, D. (1960) *An Outline of English Phonetics*, (9th Edition), W. Heffer & Sons, Cambridge.

Kachru, B.B., Kachru, Y. and Nelson, C. L. (eds.) (2009) *The Handbook of World Englishes*, Wiley-Blackwell.

Keating, P.A. and Huffman, M.K. (1984) "Vowel variation in Japanese," *Phonetica* 41, 191-207.

Kent, R.D. and Read, C. (1996) *The Acoustic Analysis of Speech,* Singular Publishing Group.

Kenworthy, J. (1987) *Teaching English Pronunciation*, Longman.

Kenyon, J.S. and Knott, T.A. (1953) *A Pronouncing Dictionary of American English*, Merriam, Springfield.

Klatt, D.H. (1976) "Linguistic uses of segmental duration in English : acoustic and perceptual evident, *J, Acoust. Soc. Am.*59(5), 1208-1221.

Kondo, Y. (1995) *Production of schwa by Japanese speakers of English: a crosslinguistic study of coarticulatory strategies*, Ph.D. thesis submitted to the University of Edinburgh.

Kopczyński, A. (1977) *Polish and American English Consonant Phonemes: A Contrastive Study*, Państwowe Wydawnictwo Naukowe.

Kuhl P.K. (1998) "Effects of language experience on speech perception," *J. Acoust. Soc. Am.* 103:29-31.

Ladefoged, P. (1971) *Preliminaries to linguistic phonetics*, Univ. of Chicago Press.

Ladefoged, P. and Johnson, K. (2011) *A Course in Phonetics* (Sixth Edition), Wadsworth Cengage Learning.

Ladefoged, P. and Lindau, M. (1989) "Modeling articulatory-acoustic relations: a comment on Stevens' On the quantal nature of speech". *J.Phonetics* 17, 99-106.

Laver, J. (1980) *The Phonetic Description of Voice Quality*, Cambridge University Press.

Lehiste, I. and Peterson, G.E. (1961) "Some basic considerations in the analysis of intonation," *J.Acoust.Soc.Am.*, 33, 419-425.

Lindau, M. (1978) "Vowel features," *Language* 54(3), 541-563.

Lisker, L. and Abramson, A. (1964) "Cross-language study of voicing in initial stops: Acoustical measurements," *Word* 20, 384-422.

Mitlef, F.M.(1984) "Vowel length contrast in Arabic and English: a spectrographic test," *J. Phonetics* 12, 229-235.

Nishi, K. and Strange, W. (2008) "Acoustic and perceptual similarity of Japanese and American English vowels," *J.Acoust.Soc.Am.* 124(1), 576-588.

Odlin, T. (1989) *Language Transfer*, Cambridge University Press: Cambridge.

Ohala, J. (1983) "The origins of sound patterns in vocal tract constraints," in *The Production of Speech*, ed. by MacNeilage, P.F., Springer.

Parker, F. (1977) "Perceptual cues and phonological change," *J. Phonetics* 5, 97-105.

Paulston, C.B. and Bruder, M.M. (1976) *Teaching English as a Second Language: Techniques and Procedures*, Winthrop Publishers, Inc.

Pennington, M.C. (1989) "Teaching pronunciation from top-down," *RELC Journal*, 20(1).

Peterson, G.E. and Barney, H.L. (1952) "Control methods used in a study of the vowels," in *Readings in Acoustic Phonetics* ed. by I. Lehiste, 1967, The MIT Press, 363-369.

Price, P.J. (1981) *A cross-linguistic study of flaps in Japanese and American English*, Ph.D. dissertation, The University of Pennsylvania.

Raphael, L.J. (1975) "The physiological control of durational differences between vowels preceding voiced and voiceless consonants in English," *J. Phonetics* 3, 25-33.

Riordan, C.J. (1977) "Control of vocal-tract length in speech," J. Acoust. Soc. Am., 62(4), 998-1002.

Roach, P. (2009) *English Phonetics and Phonology* (Fourth Edition), Cambridge University Press.

Saussure, F. de (1916) *Cours de Linguistique générale*, (邦 訳) 小林英夫訳 (1972) 『一般言語学講義』 岩波書店。

Schmerling, S.F. (1976) *Aspects of English Sentence Stress*, University of Texas Press.

Schneider, E.W. (2009) "English in North America," *The Handbook of World Englishes*, edited by Kachru, B.B., Kachru, Y. and Nelson, C.L., Wiley-Blackwell.

Schwartz, J.L., et al. (1997) The Dispersion-Focalization Theory of vowel systems, *J. Phonetics* 25, 255-286.

Sheldon, A. and Strange, W. (1982) "The acquisition of /r/ and /l/ by Japanese learners of English: Evidence that speech production can precede perception," *Applied Psycholinguistics* 3(3), 243-261.

Shimizu, K. (1985) "A Study on Vowel Duration in English by Japanese Speakers," *Nagoya Gakuin Daigaku Gaikokugo Kyouiku Kiyo*, 13, 43-51.

Shimizu, K. (1987) "A study on visual feedback effect on the teaching of English intonation," *The Bulletin of the Phonetic Society of Japan*, 184, 11-

15.

Shimizu, K. (1996) *A Cross-Language Study of Voicing Contrasts of Stop Consonants in Asian Languages*, Seibido Publishing Co.

Shimziu, K. (2011) "A study of VOT of initial stops in English produced by Korean, Thai and Chinese speakers as L2 learners," *Proceedings of ICPhS XVII*, 1818-1821.

Shimizu, K. and Dantsuji, M. (1983) "A study on the perception of /r/ and /l/ in natural and synthetic speech," *Studia Phonologica* XVII.

Stetson, R.H. (1951) *Motor Phonetics, A Study of Speech Movements in Action*, North-Holland, Amsterdam.

Strevens, P.H. (1960) Spectra of fricative noise in human speech," *Language and Speech*, Vol.3, reproduced in *Reading in Acoustic Phonetics* ed. by Ilse Lehiste 1967, The MIT Press, 202-219.

Ueyama, M. (1999) "Durational reduction in L2 English produced by Japanese speakers," *Proceedings of ICPhS 1999*, 567-570.

Umeda, N. (1975) "Vowel duration in American English," *J.Acoust.Soc.Am.* 58(2), 434-445.

Umeda, N. (1977) "Consonant duration in American English," *J. Acoust.Soc. Am.*, 61, 846-858.

Weinreich, U. (1953) *Languages in Contact: Findings and Problems*, Publications of the Linguistic Circle of New York.

Wolf. C.J. (1978) "Voicing cues in English final stops," *J. of Phonetics* 6, 299-309.

Wolfram, W. and Schilling, N. (2016) *American English Dialects and Variation*, Wiley Blackwell.

Yang, B. (1996) "A comparative study of American English and Korean vowels produced by male and female speakers," *J, of Phonetics* 24, 245-261.

Zue, V.W. and Laferriere, M. (1979) "Acoustic study of medial /t d/ in American English," *J. Acoust. Soc. Am.*, Vol. 66, 1039-1050.

松浦直子・清水克正（2002)「英語閉鎖子音の有声性・無声性に関する学

　　　習上の問題について」　大学英語教育学会中部支部大会研究発表。

西田龍雄偏（1986）『言語学を学ぶ人のために』　世界思想社。

清水克正（1995）『英語音声学 – 理論と学習』　勁草書房。

清水克正（1999）「日英語における閉鎖子音の有声性・無声性の音声的特
　　　徴」『音声研究』3(2)、4-10.

清水克正（2008）「L2 音声学習とその理論的考察」『名古屋学院大学論集
　　　（言語・文化篇）』19(2)、81-87.

山田玲子他（1996）「日本語話者による米語母音の知覚」『日本音響学会講
　　　演論文集』　平成 8 年 3 月、391-392.

索引

──────────── 日本語人名・事項索引 ────────────

著者略歴

清水　克正（しみず　かつまさ）
1991 年　エディンバラ大学大学院 (Ph.D.)
現在：名古屋学院大学名誉教授
著書　『生成音韻論概説』（篠崎書林）、『音声の調音と知覚』（篠崎書林）、
『英語音声学　理論と学習』（勁草書房）、『言語学を学ぶ人のために』（共
著、世界思想社）、A Cross-Language Study of Voicing Contrasts of Stop Conso-
nants in Asian Languages（成美堂）など。

英語音声学要説

2020 年 12 月 10 日　印　刷　　　　　2020 年 12 月 22 日　発　行

著　者 © 清　水　克　正

発行者　佐　々　木　元

制作・発行所　株式会社　英　宝　社
〒 101-0032 東京都千代田区岩本町 2-7-7
Tel［03］(5833) 5870　Fax［03］(5833) 5872

ISBN978-4-269-77059-1　C1082
［組版・印刷・製本：日本ハイコム株式会社］